AF590788

DRESSAGE ET CONDUITE

DU

CHEVAL DE GUERRE

PAR

Le Général JULES DE BENOIST

Avec trente-quatre figures dans le texte

LIBRAIRIE MILITAIRE BERGER-LEVRAULT ET Cie

PARIS
5, RUE DES BEAUX-ARTS

NANCY
18, RUE DES GLACIS

1899

DRESSAGE ET CONDUITE

DU

CHEVAL DE GUERRE

NANCY, IMPRIMERIE BERGER-LEVRAULT ET Cie.

DRESSAGE ET CONDUITE

DU

CHEVAL DE GUERRE

PAR

Le Général JULES DE BENOIST

Avec trente-quatre figures dans le texte

LIBRAIRIE MILITAIRE BERGER-LEVRAULT ET Cie

PARIS
5, RUE DES BEAUX-ARTS

NANCY
18, RUE DES GLACIS

1899

AVANT-PROPOS[1]

L'auteur de l'étude intitulée : *Dressage du cheval de guerre et du cheval de chasse* suivant la méthode de feu M. le commandant Dutilh, écuyer en chef à l'École de cavalerie, étude qui a paru dans la *Revue de Cavalerie*[2], dit dans sa préface : « Qu'il se propose de retracer aussi fidèlement que possible ce qu'il a entendu dire et vu faire au manège par le commandant Dutilh, avec des élèves ou des jeunes chevaux; car, dans ces deux cas, la marche à suivre est identique, ajoute-t-il : le cavalier exprime au cheval sa volonté par le langage des aides, langage devenant plus fin et plus délicat à mesure qu'il est mieux parlé et qu'il

1. La mort de l'officier supérieur qui a écrit l'étude à laquelle il est fait allusion dans cet avant-propos est une véritable perte pour la cavalerie, mais elle ne saurait apporter aucun changement dans la rédaction d'un ouvrage écrit en 1887 pour l'instruction des officiers du 28e dragons.

2. Voir les livraisons de juin 1885 à janvier 1886. Paru en un volume in-8, 3e édition, revue, corrigée et augmentée de 11 gravures. 1891. Paris, Berger-Levrault et Cie, éditeurs. Prix : 4 fr. 50 c.

est mieux compris ; il est donc naturel d'en conclure que l'éducation de l'homme suit une voie semblable à celle que suit le dressage de l'animal. »

Après cette déclaration (à laquelle nous n'avons rien à objecter, pour le moment du moins), les lecteurs de l'étude dont nous parlons s'attendaient à trouver, dans l'exposé de la méthode de dressage du cheval selon Dutilh, une certaine analogie avec la méthode généralement employée pour l'instruction de l'homme.

Cette analogie, nous l'avons cherchée, mais vainement ; à vrai dire elle n'existe pas.

Nous lisons en effet dans le chapitre intitulé : « Exposé du but à atteindre dans le dressage du cheval » (§§ 14 et suivants) :

« Dans la progression de l'instruction, deux grandes divisions s'établissent d'elles-mêmes, soit pour les chevaux, soit pour les hommes, ce sont :

« 1° L'instruction en bridon ;

« 2° L'instruction en bride.

« Pendant la première, le cavalier apprend le langage par lequel il communique sa volonté au cheval : ce dernier apprend à y obéir.

« L'équitation est une véritable langue d'attouchements, avec ses lettres, ses syllabes, ses mots. »

Puis plus loin :

« Le travail en bridon est l'étude de ce langage des aides ; il doit continuer jusqu'à ce que toute hésitation ait disparu de part et d'autre dans l'emploi et dans l'exécution. Lorsqu'il est terminé, le cavalier et le cheval sont aptes à commencer la gymnastique raisonnée qui doit les compléter. C'est elle qui assure tous les résultats cherchés par le dressage.

« Afin d'être plus puissant sur l'animal et de pouvoir le manier plus aisément, on se sert, pour l'exécution de cette gymnastique, du mors de bride. »

Nous citons textuellement, de manière à faire ressortir l'idée générale qui préside à ce dressage, idée que nous résumons ainsi :

D'une part, au début, parler à l'intelligence du cavalier et à celle du cheval, ou du moins à sa mémoire.

D'autre part, à la fin, faire exécuter au cheval la gymnastique qui assure tous les résultats cherchés par le dressage, en rendant sans doute la machine animale plus souple.

Cette idée, qui ressort de la division générale de l'ouvrage, se retrouve encore dans sa sous-division, car on lit au § 23 du chapitre déjà cité :

« Familiariser d'abord l'homme et le cheval avec

cette nouvelle embouchure, puis exécuter la gymnastique elle-même, tel est le but du travail en bride ; d'après cela, il se divise lui-même en deux phases distinctes.

« Pendant la première, en utilisant les effets connus du bridon, on étudie le nouveau langage exprimé par le mors de bride.

« Pendant la deuxième, on emploie le langage entièrement connu maintenant de toutes les aides, pour entamer la série progressive des mouvements gymnastiques, etc. »

Ainsi donc, d'une part, au début, travail intellectuel ; d'autre part, à la fin, travail gymnastique.

Au commencement, l'instructeur s'occupera du cerveau, le cheval apprendra ses lettres, ses syllabes, ses mots. A la fin, l'instructeur s'occupera des muscles, des articulations ; il fortifiera les uns, il assouplira les autres.

C'est ici que nous cherchons vainement l'analogie qui existe entre ces procédés et ceux qui sont généralement employés pour instruire les hommes. Car, nous en appelons à tous les instructeurs, l'instruction de l'homme, son dressage, commence toujours par des exercices gymnastiques. Ce principe est indiscutable, et, voudrait-on le nier, qu'il faudrait s'incliner devant l'autorité du règlement sur les exercices de la cavalerie (décret du 31 mai 1882), où nous lisons :

TITRE DEUXIÈME

INSTRUCTION A PIED. — ÉCOLE DU CAVALIER A PIED

Travail préparatoire.

« Le travail préparatoire se compose d'exercices gymnastiques destinés à assouplir l'homme de recrue, à développer l'homme, ses forces, son agilité, etc. »

TITRE TROISIÈME

INSTRUCTION A CHEVAL. — ÉCOLE DU CAVALIER A CHEVAL

Travail préparatoire.

« Le travail préparatoire embrasse des exercices nécessaires pour assouplir l'homme de recrue, lui donner de la confiance, assurer quelque peu son assiette et le mettre par suite en état de recevoir avec fruit les leçons qui suivent. »

Ainsi, qu'il s'agisse de l'instruction à pied de l'homme ou de son instruction à cheval, on débute par le soumettre à des exercices gymnastiques ; et le règlement a bien soin de faire remarquer que ces exercices ne sont pas le but de l'instruction, mais tout simplement un moyen ; il fait ressortir le ridicule qu'il y aurait à les faire exécuter tout d'abord avant de passer à autre chose, pour ne plus y revenir ensuite, et il a soin de recommander d'y revenir constamment, d'exécuter toujours quelques-uns de ces exercices gymnastiques au début d'une séance d'instruction ou pendant les repos, afin de débourrer la machine humaine, de lui donner de la force et de corriger chez chacun les défauts de tenue si variables selon les conformations et les tempéraments.

Donc, pour l'instruction de l'homme, on commence par la gymnastique, on dégrossit la machine humaine, on la rend souple, élastique, forte. On soumet dans ce but le corps à des exercices variés tels que l'*escrime*, la *course*, les *assouplissements des membres*, la *voltige*, le *trapèze*, la *corde raide*, etc., etc.; et à mesure que le corps se façonne, que tous ses rouages prennent l'habitude de jouer sans raideur et par suite sans fatigue, on tire parti de ces qualités toutes physiques pour lui faire exécuter des exercices que le corps eût été au début absolument incapable de faire, quoique le cerveau se soit parfaitement rendu compte des exigences de l'instructeur.

Or, si l'auteur qui nous occupe proclame que la marche à suivre avec des élèves ou des jeunes chevaux est identique, si l'éducation de l'homme doit suivre une voie semblable à celle que suit le dressage du cheval, il s'ensuit que, l'instruction de l'homme commençant par la gymnastique, celle du cheval, son dressage, doit également commencer par la gymnastique.

Dès lors, pourquoi donc remettre ce travail gymnastique du cheval à la deuxième phase de son dressage? Pourquoi ne pas faire pour le cheval ce qui réussit si bien pour l'homme? Pourquoi l'auteur du *Dressage du cheval de guerre et du cheval de chasse* suivant la méthode du commandant Dutilh rejette-t-il la gymnastique du cheval à la fin, alors qu'il débute par cette même gymnastique pour le cavalier? Que fait-il de l'identité annoncée dans la marche à suivre pour les élèves ou pour les jeunes chevaux? Pourquoi cette contradiction?

Parce que, pourrait-il nous répondre, s'il est exact que les exercices gymnastiques aient pour but de dégrossir le corps humain, il n'en est pas moins vrai que, pour les faire exécuter, l'instructeur s'adresse à l'intelligence de l'homme. Non seulement l'élève comprend le langage de son instructeur, mais encore il a de plus la volonté de bien faire. De même, pour faire exécuter au cheval des mouvements gymnastiques, il faudrait que le cavalier puisse lui imposer sa volonté, ce qu'il ne saurait faire qu'en se mettant en rapport avec lui, en lui apprenant, par certains exercices, ses lettres, ses syllabes, ses mots; d'où nécessité absolue, pour l'instructeur, d'apprendre d'abord au cheval son langage pour lui faire seulement ensuite exécuter les exercices gymnastiques.

A première vue, cette objection paraît fondée; nous croyons au contraire que :

1° Du jour où le jeune cheval marche sous le poids du cavalier, celui-ci a tous les moyens nécessaires pour le forcer sans instruction préalable à faire de la gymnastique ;

2° L'exécution de cette gymnastique rend le cheval obéissant aux aides et donne par conséquent au cavalier le moyen de lui faire exécuter brillamment le travail de manège aussi bien que le travail d'extérieur.

Ces deux principes forment la base fondamentale de notre méthode, ils la résument. Elle doit donc se diviser en deux chapitres :

Le premier : le travail préparatoire du cheval ;

Le deuxième : la conduite du cheval.

Il doit être d'ailleurs bien entendu que nous ne nous proposons pas d'écrire un traité d'équitation. La chose a été faite par une multitude d'écrivains, et tous les officiers de cavalerie, pendant leur cours à l'école de Saumur, ont eu l'occasion d'appliquer avec des chevaux bien mis les vrais principes de conduite du cheval, développés avec une expérience incontestable et incontestée par des écuyers dont la réputation n'est plus à faire. Les résultats de cet enseignement sont connus des nombreux spectateurs attirés tous les ans à l'École de cavalerie par les fêtes hippiques qui terminent les cours. Chacun d'eux a pu constater que nos jeunes officiers ont été initiés à toutes les finesses de l'équitation de manège, qu'ils ont acquis la solidité et la vigueur nécessaires pour franchir sûrement les obstacles les plus sérieux, et que beaucoup d'entre eux savent aussi monter en course.

Nous nous adressons donc ici à des officiers qui savent fort bien monter à cheval, et qui ont tous d'ailleurs entre les mains un traité d'équitation parfait (celui qui est contenu dans le décret du 31 mai 1882).

Mais entre très bien conduire un cheval bien mis, très vigoureusement monter un cheval difficile, très bien franchir un obstacle et mettre un cheval, il y a toute la distance qui sépare l'élève du professeur, surtout quand il s'agit de mettre un cheval à toutes mains.

C'est pour venir au secours d'une foule de capitaines commandants embarrassés, souvent incapables de tirer bon parti de leurs jeunes chevaux ; de quantité de jeunes officiers découragés par des échecs multiples : c'est pour donner en un mot à d'excellents cavaliers la possibilité de devenir des instructeurs, des professeurs écoutés, que nous résumons ici, en les expliquant le plus clairement possible, les moyens de dressage qui nous ont toujours réussi.

Depuis trop longtemps nos cavaliers militaires appliquent à l'aveuglette, plus ou moins servilement et par tranche dans leur dressage, des progressions plus ou moins obscures attribuées à MM. X..., Y... ou Z... Notre but n'est pas d'augmenter ces progressions. Peu nous importe qu'un cheval se dresse suivant la méthode de M. Dutilh ou suivant la nôtre. Ce que nous désirons ardemment, c'est qu'il se dresse, et pour cela, il est de nécessité absolue que le dresseur sache ce qu'il fait, se comprenne lui-même.

Pour trouver la solution d'un problème, on applique certaines règles préalablement expliquées; il ne vient à l'esprit de personne de rechercher si ces règles ont été découvertes ou enseignées par les professeurs de l'Université ou des religieux. Le raisonnement, qu'il soit suivant l'illustre M. X... ou suivant le Révérend Père un tel, tire sa valeur non pas du nom du professeur, mais de la manière dont l'élève se l'est assimilé. Il est juste ou faux, et voilà tout.

Cherchons donc une bonne fois à faire de même en fait de dressage, tâchons de comprendre, laissons de côté le sentiment, et ainsi nous arriverons certainement au résultat.

Dès maintenant, nous disons qu'il sera atteint quand les cavaliers voudront bien se résigner à faire simplement exécuter à leurs chevaux une série naturelle et rationnelle d'exercices gymnastiques qui, en assouplissant les articulations, en renforçant les muscles, dégrossiront la machine, la rendront élégante, maniable, c'est-à-dire obéissante aux aides ou encore franche aux jambes et légère à la main, et par conséquent la mettront au point voulu pour se laisser facilement diriger et conduire sur tous les terrains et à travers tous les obstacles.

MÉTHODE PRATIQUE

DE

DRESSAGE DU CHEVAL

TRAVAIL PRÉPARATOIRE DU CHEVAL

GÉNÉRALITÉS

Pour assouplir un homme, on lui fait d'abord exécuter de pied ferme des mouvements combinés, de telle sorte que tous ses membres soient fléchis puis étendus, que toutes les parties de son corps se courbent puis se redressent. On obtient ainsi non seulement le jeu libre des articulations et par conséquent leur souplesse, mais encore le travail des muscles et par suite le développement de leurs forces. Ensuite au gymnase, à la voltige, qu'il s'agisse de monter au trapèze, à la corde raide ou de sauter à cheval à la force des poignets, les muscles de l'homme se renforcent d'autant plus qu'ils ont à supporter ou à enlever le poids de son corps. L'escrime, la course, les sauts, etc., procurent un résultat analogue, toujours produit par le jeu étendu des arti culations et par le travail forcé des muscles. Tels sont les moyens employés pour dégrossir, assouplir et fortifier la machine humaine.

Pour débourrer, assouplir, fortifier la machine animale, composée comme la première de rayons osseux, articulés les uns sur les autres, il faudra de même faire jouer avec exagération ses articulations dans tous les sens et faire travailler ses muscles.

Mais comment obtenir ce travail anormal? Comment faire ployer tel ou tel membre du cheval plus que de raison ? Comment faire jouer ses articulations, comment faire travailler ses muscles d'une façon exagérée? En admettant que tel ou tel écuyer, à la fin d'un dressage très long, puisse faire exécuter des mouvements anormaux à un cheval parfaitement soumis, est-il possible de prétendre qu'un cavalier du rang, d'une intelligence moyenne, d'une habileté ordinaire, s'adressant à un cheval neuf non dressé, puisse faire ployer ses rayons osseux, les fléchir avec exagération dans tous les sens pour les étendre ensuite ? En un mot, peut-on faire, au début d'un dressage, ce qui est généralement considéré comme la preuve de la soumission absolue du cheval bien mis, le dernier mot de son dressage ?

Ce moyen existe, et nous n'avons pas le mérite de son invention. Tout homme de cheval l'a employé, tout professeur l'a enseigné, tout écrivain qui a traité de ces matières en a parlé ; et, si on ne lui accorde généralement pas toute sa valeur pour le dressage du cheval, c'est qu'hélas ! au lieu de le considérer comme le moyen du dressage, on le considère comme la preuve d'un dressage bien fait, comme le but à atteindre.

Ce moyen consiste à faire *marcher le cheval de travers*.

Dans la marche de travers en effet, ou, si l'on veut, dans la marche de deux pistes, les membres du cheval se croisent, ceux d'un même côté passent par-dessus les membres de l'autre côté, de telle sorte que si le cheval marche de travers en allant vers la gauche, par exemple, les deux membres droits A et B (fig. 1) passent, pour se porter vers la gauche, par-dessus les membres gauches C et D; les membres gauches, d'abord inclinés à droite, se portent à leur tour vers la gauche, et la marche de travers continue, les articulations des membres jouant principalement par côté, et les muscles faisant un effort particulier pour produire ces mouvements anormaux. Il y a donc là jeu particulier des articulations et travail forcé des muscles, d'où, comme résultat : assouplissement des articulations et renforcement des muscles.

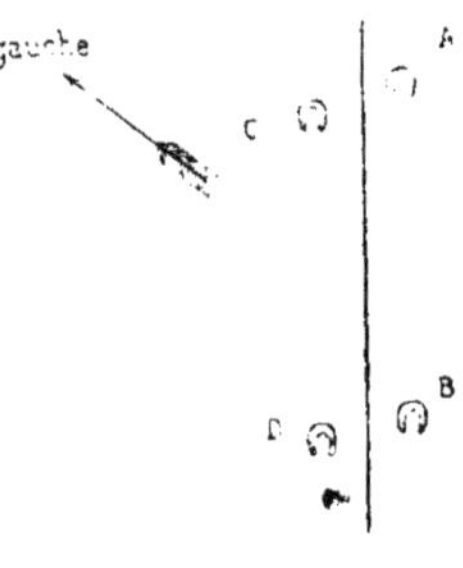

Fig. 1.

CHAPITRE PREMIER

MARCHE DE TRAVERS SUR LA LIGNE DROITE

1° Les résultats sont variables : ils dépendent de l'inclinaison du cheval et de la vitesse de son allure

Dans cette marche de travers, les articulations jouent plus ou moins, les muscles travaillent plus ou moins; par suite, l'exercice gymnastique est plus ou moins pénible pour le cheval, c'est-à-dire les résultats plus ou moins marqués selon que :

1° Le cheval gagne plus ou moins de terrain sur le côté ;

2° L'allure est plus ou moins allongée et plus ou moins rapide.

Pour bien nous faire comprendre : soit un cheval AB (fig. 2) marchant droit suivant la ligne YX, perpendiculaire à la ligne XZ. Tant que le cheval suit la ligne YX, il se rapproche de XZ par le chemin le plus court ; il gagne du terrain en avant par rapport à cette ligne XZ.

Supposons qu'arrivé au point O le cheval A′B′ prenne une des directions OE ou OE′ inclinée à 45° sur XY, ou OE″ ou OE‴ perpendiculaire à XY.

En suivant la direction OE, le cheval continuera à se rapprocher de la ligne XZ, tout en s'éloignant de la ligne YX ; mais il se rapproche davantage de la ligne XZ qu'il ne s'éloignera de la ligne YX, puisque OD est plus grand que DI ; il gagnera donc plus de terrain en avant que sur le côté.

En suivant la direction OE′, le cheval gagnera autant de terrain en avant que sur le côté, puisque OD′ est égal à D′I′.

En suivant la direction OE″, le cheval gagnera moins

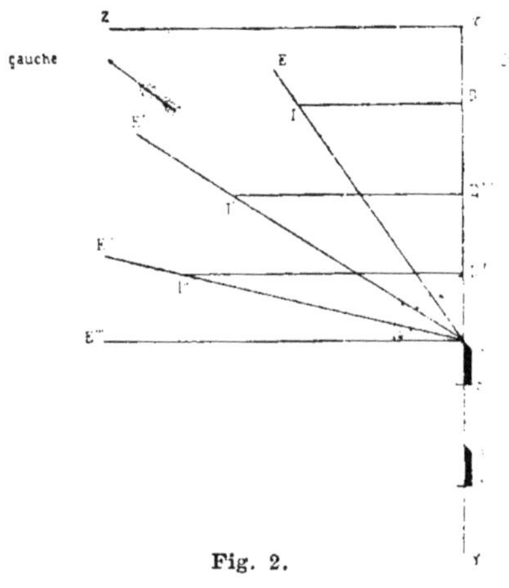

Fig. 2.

de terrain en avant que sur le côté, puisque OD″ est plus petit que D″I″. Enfin en suivant la direction OE‴, le cheval s'éloignera de la ligne YX, en se maintenant toujours à une même distance de XZ ; il ne gagnera donc du terrain que sur le côté.

Si, en suivant chacune de ces lignes OE, OE′, OE″, OE‴, le cheval reste droit, c'est-à-dire, si son axe se confond avec la ligne suivie, chacun de ses membres travaillera exactement de la même manière que s'il suivait YX. Il n'y aura rien de changé dans son travail ; le cheval suivra une autre direction et voilà tout.

Mais si, arrivé au point O, le cheval est embarqué suivant une des directions OE, OE′, OE″, OE‴ en marchant de travers, *son axe maintenu parallèlement à la ligne YX,* ses membres devront gagner d'autant plus de terrain sur le côté que l'angle formé par la ligne XY avec la direction suivie sera plus ouvert. Les mouvements anormaux des membres seront d'autant plus étendus que le cheval gagnera plus de terrain sur le côté, de telle sorte que, peu accusés lorsque le cheval suivra la ligne OE, ils le seront davantage lorsqu'il suivra la ligne OE′, davantage encore lorsqu'il suivra la ligne OE″, et enfin portés à leur extrême limite lorsqu'il suivra la ligne OE‴, c'est-à-dire, en résumé, que les mouvements d'assouplissements seront d'autant plus pénibles, par suite les résultats de ce travail d'autant plus marqués, que le cheval gagnera plus de terrain sur le côté qu'en avant : ce qu'il fallait démontrer. Il est cependant à cela une condition *sine quâ non,* c'est que le degré de vitesse de l'allure soit entretenu.

En effet, si la marche de travers s'exécute en ralentissant l'allure, lentement, pas à pas (comme on le dit ordinairement), les membres droits ne passeront plus par-dessus les membres gauches pour se porter vers la gauche : la marche de travers se fera par une suite de petits pas sur le côté qui ne demanderont aucun effort au cheval, les membres gauches s'ouvrant légèrement vers la gauche, puis les membres droits s'en rapprochant sans chevaucher par-dessus.

Pour que les membres gauches s'ouvrent largement

vers la gauche et que les membres droits passent par-dessus, il faut absolument que le cheval progresse à grands pas, c'est-à-dire que le degré de vitesse de l'allure soit entretenu, sans quoi il n'y aura pas de travail exagéré des muscles, pas de jeu étendu des articulations, en un mot, pas d'assouplissements, pas de gymnastique.

Au cas où il resterait le moindre doute dans l'esprit du lecteur à cet égard, nous l'engagerons à faire sur lui-même l'expérience de ce que nous avançons. Qu'il marche de travers vers la gauche en faisant chevaucher sa jambe droite par-dessus sa jambe gauche, et il se rendra compte que le travail de ses jambes sera d'autant plus fort qu'il gagnera, en marchant ainsi de travers, plus de terrain sur le côté qu'en avant, et qu'il fera des pas plus longs. Si, au contraire, il progresse sur le côté pas à pas, lentement, ses jambes ne feront aucun travail particulier.

S'il exécute ce même travail en trottant, il fera les mêmes remarques. Nous ne parlons pas ici du galop, car dans la marche de travers à cette allure, les jambes ne se chevauchent pas ; le corps est porté vers le côté par une succession de sauts. Pour les exécuter il faut que le cheval soit pourvu de toute sa souplesse, de toutes ses forces, que le cavalier puisse en jouer à sa guise. Cet exercice est la preuve d'un dressage parfait, nous ne le considérons pas comme un moyen.

En résumé, dans la gymnastique exécutée par le cheval marchant de travers sur la ligne droite, il y a plusieurs degrés, plusieurs échelons par lesquels le cavalier, l'instructeur doit le faire passer successivement. En agissant de la sorte, il fera faire à son cheval ce que l'homme fait avec des haltères, pour se fortifier: après avoir commencé par des poids légers, il se sert de poids de plus en plus lourds, pour arriver définitivement à jongler avec les poids les plus forts ; ce qu'il fait à la corde raide, au trapèze, à la salle d'armes, où il débute toujours par des exercices faciles pour aborder peu à peu et sans difficulté les exercices les plus violents, et les continuer sans fatigue.

Après avoir, au début, fait marcher le cheval sur un degré d'inclinaison très faible, il augmentera peu à peu le degré d'inclinaison; après avoir souffert au commencement que le cheval ralentisse l'allure, il le forcera peu à peu à la soutenir; il l'obligera même à l'allonger, et ainsi il arrivera en quelques séances à le faire marcher de travers sans gagner de terrain en avant, et à exécuter avec une facilité inouïe cette marche de deux pistes au pas, au trot et au galop.

Et, comme dans le travail des haltères chez l'homme, son ascension à la corde raide, à la perche, au trapèze, etc., ce résultat sera tout physique. Les muscles, les articulations seulement auront travaillé, le corps seul aura peiné sans que l'intelligence ait été mise en cause. Nous n'en avons que faire, c'est la machine que nous travaillons.

Quoique le cheval soit réputé l'animal le plus intelligent de la création, nous nous refusons à admettre qu'il puisse entrer en conversation avec son cavalier, ailleurs qu'au cirque; d'ailleurs nous pensons que, de même que dans l'espèce humaine, l'intelligence du cheval, si elle existe, doit être plus ou moins développée selon les individus; or, si nous nous attardons à écouter les plaintes presque générales relatives aux qualités des chevaux qui forment la base du recrutement de la cavalerie, nous sommes bien obligés, pour le cheval de nos régiments du moins, de ne pas trop compter sur son intelligence : cette qualité étant l'apanage de quelques sujets de choix qui n'arrivent pas dans nos escadrons.

2° Est-il possible d'obtenir la marche de travers au début du dressage ? Considérations sur la conformation du cheval examinée au point de vue de sa conduite

Reste à savoir maintenant si le cavalier possède les moyens de faire, dès les premiers jours, exécuter cette gymnastique au cheval dont il entreprend le dressage.

Il ne peut y avoir aucun doute à cet égard ; du moment où le cheval se meut, le cavalier peut le faire marcher de travers.

La marche de travers résulte en effet d'une disposition particulière de la machine animale : cette disposition prise, elle progresse de travers parce qu'elle ne peut faire autrement; or, dès le début du dressage, le cavalier peut faire prendre à son cheval la disposition voulue sans qu'il ait à s'adresser à son intelligence, d'ailleurs fort problématique, ou même à sa mémoire, souvent troublée ou contrariée par une mauvaise volonté absolue, résultant de la fatigue ou des souffrances occasionnées par un travail pénible.

Le procédé à employer est des plus simples, mais

avant de l'indiquer, nous croyons nécessaire d'exposer comment, d'après la conformation du cheval, la machine peut se conduire. Que le lecteur se rassure d'ailleurs, nous ferons cette étude à grands traits et sans employer le moindre terme scientifique.

Le cheval, en somme, est formé du corps et des membres.

Le corps comprend la colonne vertébrale (longue tige flexible dans tous les sens, surtout dans sa partie antérieure), la tête, qui la termine à son extrémité anté-

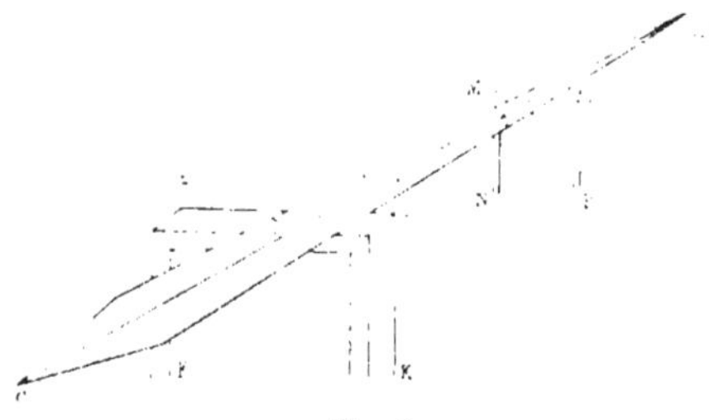

Fig. 3.

rieure, et les côtes, qui lui sont attachées en son milieu. La colonne vertébrale repose directement, au moyen du coxal dont elle fait partie intime, sur les membres postérieurs; au contraire, elle est supportée par les membres antérieurs au moyen d'une sorte de sangle sur laquelle les côtes sont appuyées, de telle sorte que, si l'on ne tient pas compte des côtes, dont nous n'avons que faire pour le moment, la figure ci-dessus représenterait, d'une façon simple mais exacte, le gros œuvre de la machine hippique :

AC la tige, la colonne vertébrale appuyée en D sur la base rigide RI avec laquelle elle fait corps (cette base elle-même supportée par les deux pieds IK et RF), et suspendue en O sur la bande élastique LM, cette sangle elle-même pendue en L et M, à l'extrémité supérieure des deux pieds LP et MN. De A à D la colonne vertébrale est susceptible d'une certaine flexibilité dans tous les sens : cette flexibilité plus

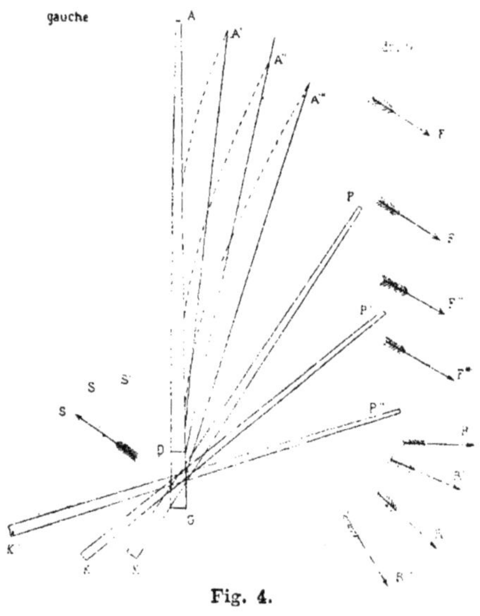

Fig. 4.

grande dans la région AO diminue progressivement jusqu'à D.

La lame d'un fleuret en donne une idée juste.

1° Or si, tenant une lame de fleuret dans la main gauchepar la poignée GD (fig. 4), nous amenons avec la main droite, la tenant à A, la pointe vers la droite, direction F, la lame prendra en se courbant légèrement les positions successives A′DG, A″DG, A‴DG, et nous ressentirons dans la main gauche à D une pression de plus en plus forte, s'exerçant dans la direction DR. Si, au lieu de résister à cette pression, nous y cédons en ouvrant les doigts de la main gauche, la lame sera transportée de AG en A'G, A''G, A'''G, c'est-à-dire vers la droite, en pivotant autour du point G.

2° Si, au lieu de tirer la pointe A dans la direction marquée par la flèche F, nous la tirons dans les directions marquées par les flèches F', F'', F''', c'est-à-dire à droite et en arrière, la lame se courbera de plus en plus fortement vers la droite : dans la main gauche nous ressentirons une double pression, l'une à D tirant la poignée vers la droite, direction R, R', R'', l'autre à G la poussant en arrière et à gauche, direction S, S', S'', de telle sorte que si nous y cédons en ouvrant les doigts, la lame viendra occuper les positions successives PGK, P'GK', P''GK'', etc.

En résumé, la lame, en pivotant autour du point G ou d'un point placé plus en avant, se sera portée de plus en plus vers la droite et en arrière, à mesure que nous avons tiré la pointe de plus en plus en arrière et à droite, à moins cependant qu'elle n'ait rencontré un obstacle sur son chemin.

3° Si la lame, amenée vers la droite par la main droite, rencontre un obstacle M (fig. 5) qui l'arrête, la pointe attirée vers la droite, direction F, se portera de plus en plus de ce côté sous l'effort de la main droite, à A'', A''', etc. ; la lame, ne pouvant franchir l'obstacle, se courbera de plus en plus, et nous ressentirons dans la main gauche une pression des plus violentes s'exerçant vers la gauche suivant les directions EK, EK', etc., de telle sorte que si nous y cédons, la lame viendra occuper les positions successives A″MG′, A″MG″, en pivotant autour de l'obstacle M.

Si l'obstacle, au lieu d'être à M, se trouvait à M′,

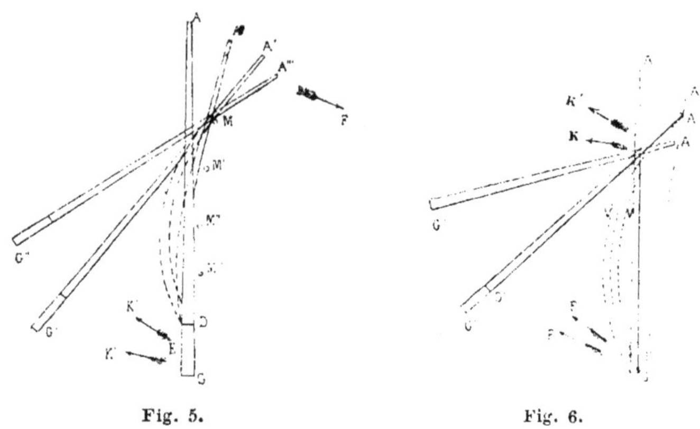

Fig. 5. Fig. 6.

M″, M‴, un mouvement de rotation analogue se produirait toujours vers la droite autour de ce point, quel que soit son éloignement de la poignée.

4° Si, tenant toujours le fleuret de la même manière avec la main gauche, après avoir amené la pointe vers la droite avec la main droite, à A′ par exemple (fig. 6), nous tirons cette pointe dans la direction A′K, la lame courbée à droite sera portée d'autant plus à gauche de sa direction primitive que la traction opérée sur la pointe sera plus forte : elle prendra les positions successives A″VG, A‴V′G, etc. Nous ressentirons dans la main gauche une pression s'exerçant vers la gauche, direction EF ou EF′, de telle sorte que si nous y cédons, la lame viendra occuper les positions successives A″G′, A‴G″. En résumé, la lame aura tourné à droite en pivotant autour d'un point plus ou moins rapproché de la pointe ; la partie antérieure de la lame, projetée en raison de la courbure qui lui est donnée vers la gauche, aura entraîné, en se redressant, la lame tout entière.

NOTA. — Il est assez difficile de faire cette expérience lorsque les deux extrémités du fleuret sont tenues par une seule personne et, pour arriver à un résultat conforme à celui que nous venons d'expliquer, il faut une certaine adresse. Deux personnes placées face à face, et tenant chacune une des extrémités du fleuret, auront plus de facilités pour se rendre bien compte de cet effet.

5° Si, tenant la lame de la même manière, après avoir porté la pointe à A' (fig. 7) avec la main droite, nous la tirons suivant les directions A'K, A'K', A'G, la lame, se courbant à droite, prendra les positions successives A''VDG, A'''V'DG, etc., et nous ressentirons dans la main gauche une double pression, l'une s'exerçant à D suivant les directions DF, DF', l'autre à G suivant les directions GO, GO', de telle sorte que si nous y cédons, la lame viendra occuper les positions successives PG', P'G''.

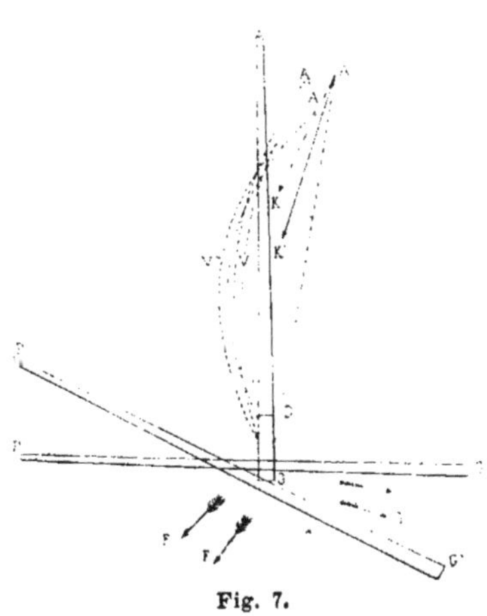
Fig. 7.

En résumé, sous l'effort de cette traction opérée en

arrière et à gauche, la lame aura tourné à gauche en pivotant autour d'un point de la poignée.

6° Entre les directions en avant et à gauche (§ 4°) et en arrière et à gauche (§ 5°) suivant lesquelles une traction opérée sur la pointe produit deux effets si opposés, puisque l'une fait tourner la lame à droite en portant la partie antérieure en avant et à gauche, et l'autre la fait tourner à gauche en portant la partie antérieure en arrière et à gauche, il existe une direction intermédiaire suivant laquelle toute traction opérée aura pour effet de porter cette même partie antérieure vers la gauche ni en avant, ni en arrière, de telle sorte que la lame entière suivant ce mouvement serait portée vers la gauche parallèlement à sa position primitive.

C'est du moins ce qui arriverait si la lame, au lieu d'être immobile, était animée d'un mouvement imaginaire suivant GA.

En résumant ces différentes hypothèses, on voit que :

1° La lame du fleuret *tourne à droite* selon que l'on tire la pointe vers la droite, *qu'elle* tourne à droite encore, mais la poignée se portant vers la gauche, selon que l'on tire la pointe à droite et en arrière.

2° La lame du fleuret primitivement ployée à droite *tourne à droite la poignée déviant vers la gauche,* selon que l'on tire la pointe en avant et à gauche; *qu'elle tourne à gauche la poignée reculant vers la droite,* selon que l'on tire la pointe en arrière et à gauche.

3° La lame du fleuret primitivement ployée à droite, *se porte vers la gauche,* selon que la pointe est tirée vers la gauche dans une direction intermédiaire aux deux précédentes.

Supposons maintenant le fleuret placé, comme nous l'avons indiqué à la page 10, et revenons par conséquent à notre machine hippique, à notre cheval.

Si nous amenons la pointe A vers la droite (fig. 8), direction AD, la lame se courbant à droite, le point S viendra se placer sur le côté droit de la sangle à I, c'est-à-dire sur le membre antérieur droit et la lame prendra d'abord la position A' I V.

Sous l'influence de la traction de la main droite se continuant, il pourra ensuite se produire trois résultats :

1° Le membre antérieur droit cédera à la pression qui s'exerce sur lui en se portant vers la droite et en-

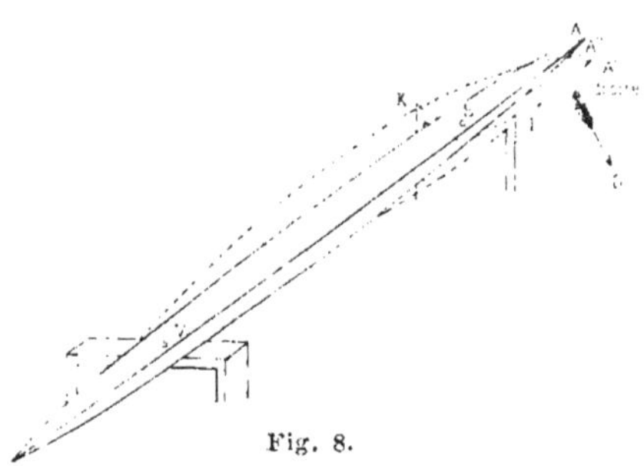

Fig. 8.

traînant les membres antérieurs de ce côté. La machine tournera alors à droite en pivotant autour des membres postérieurs.

2° Le membre antérieur droit résistera à cette pression et la lame se courbant davantage à droite produira à V une pression de droite à gauche ; sous son influence les membres postérieurs se porteront vers la gauche et la machine tournera à droite en pivotant autour des membres antérieurs.

3° Ou encore les membres antérieurs et les membres

postérieurs céderont ensemble, les premiers allant vers la droite en pivotant autour d'un point compris entre les membres antérieurs et les membres postérieurs, ce point pouvant se trouver à égale distance des membres antérieurs et des membres postérieurs.

Dans ces deux derniers cas, la tête, l'encolure et les épaules auront fait *opposition* aux hanches, c'est-à-dire que non seulement elles seront venues se mettre à leur place, mais encore elles auront, par leur déplacement, donné à la colonne vertébrale une courbure qui aura projeté les hanches du côté *opposé*. Si, après avoir amené la pointe à A′, la lame ayant pris la position A′IV, nous tirons sur cette pointe en arrière et plus ou moins à gauche, la lame se courbera davantage et le point S ira se placer à K sur le côté gauche de la sangle, c'est-à-dire sur le membre antérieur gauche. Par conséquent, la lame prendra la position A″KV faisant sentir à K et à V une pression plus ou moins forte de droite à gauche.

Il pourra alors se produire trois résultats selon la direction et la force de la traction :

1° Le membre antérieur gauche cédera à la pression qui s'exerce sur lui en se portant vers la gauche et en avant et entraînant dans ce mouvement les membres postérieurs. La machine tournera alors à droite en pivotant autour d'un point placé en avant des membres antérieurs.

2° Le membre antérieur gauche cédera en se portant vers la gauche et en arrière. La machine tournera à gauche, pivotant autour d'un point placé plus ou moins en arrière.

Dans ce cas, les épaules font *opposition* aux hanches,

c'est-à-dire que, venant se mettre à gauche par suite de la courbure de la colonne vertébrale, elles chassent les hanches vers la droite, c'est-à-dire du côté *opposé*.

3° Le membre antérieur gauche et le membre postérieur du même côté céderont également à la pression qui s'exerce sur eux de droite à gauche en se portant vers la gauche et *la machine se portera tout entière de ce côté*.

Laissons maintenant de côté notre petite machine et prenons le cavalier monté.

Au moyen d'un fil, d'une rêne, la droite pour le moment, il peut amener la tête et par suite l'extrémité antérieure de la colonne vertébrale vers la droite en ouvrant le bras droit; il a soin toutefois de régler avec la rêne gauche l'effet produit par la rêne droite afin d'empêcher la tête de tourner à droite plus qu'il ne faut.

Il peut aussi, après avoir ouvert le bras droit, tirer sur la rêne droite en arrière et plus ou moins à gauche, ayant toujours soin d'empêcher, avec la rêne gauche, le cheval de porter la tête à droite plus qu'il ne faut, tout en assurant la rigidité de la colonne vertébrale. Quels résultats ces deux actions produisent-elles sur la machine animale?

Dans le premier cas, l'encolure, amenée à droite, pèsera de tout son poids sur l'épaule droite ou sur le membre antérieur droit. Dans le deuxième cas, l'encolure, toujours courbée à droite, pèsera de tout son poids sur l'épaule gauche ou sur le membre antérieur gauche. Dans les deux cas, la courbure de l'encolure se continuera dans toute la colonne vertébrale dont l'extrémité postérieure sera plus ou moins *sollicitée vers la gauche ou repoussée à droite*.

D'une part, dans le premier cas, le cheval portera ses épaules à droite ou bien ses hanches à gauche, ou encore et simultanément ses épaules à droite et ses hanches à gauche : en somme, il tournera à droite.

D'autre part, dans le deuxième cas, le cheval portera ses épaules à gauche et en avant en entraînant les hanches du même côté, ou à gauche et en arrière en repoussant les hanches du côté opposé, ou simultanément ses épaules et ses hanches à gauche : en résumé, il tournera à droite ou à gauche, ou encore *il marchera de travers vers la gauche.*

En agissant de la même manière avec la rêne gauche, le cavalier obtiendrait des résultats analogues. Et ces résultats seront la conséquence d'une action toute mécanique à laquelle le cheval n'a rien à comprendre. Il tournera et marchera de travers machinalement, inconsciemment sans avoir appris ni lettres, ni mots, ni syllabes, mais bien parce que sa propre masse l'entraînera, parce qu'il ne saurait lutter contre la disposition que le cavalier lui a donnée.

Mais, dira-t-on, à une condition toutefois : c'est que le cheval veuille bien amener sa tête du côté vers lequel la rêne le sollicite.

Nous répondrons à cette objection : non, il ne faudra pas même lui apprendre cela, car nous n'admettons pas qu'un cavalier entreprenne le dressage d'un cheval qui n'a jamais été bridé. Si ce tour de force est dans les cordes de quelques cavaliers hors ligne, il ne faut pas y songer pour la masse, ce serait folie et nous n'insistons pas, nous nous contentons de poser en principe que tout cheval mis en dressage doit savoir porter sa selle, son cavalier et son mors. Du moment où le cheval marche en portant son cavalier, celui-ci a tous les moyens nécessaires pour commencer de suite sa gymnastique en le faisant marcher de travers, ce n'est plus qu'une question de mesure et d'à-propos. Nous avons cherché à montrer au moyen du fleuret et de notre petite machine comment les actions de rênes se traduisent mécaniquement sur le cheval pour le faire tourner à droite, à gauche, le faire marcher de travers; c'est-à-dire, en un mot, pour le diriger et le conduire.

Si, malgré les explications si détaillées que nous avons données, le lecteur n'était pas encore fixé sur cet effet purement mécanique, nous l'engagerions à reproduire ces actions de rênes sur un cheval non monté, sur un cheval manié à pied.

La rêne droite bien maniée (ou la rêne gauche), tirée dans les directions indiquées au courant de ce chapitre, produira sur le cheval les effets identiques à ceux que nous venons de détailler.

Ce sera bien l'effet produit par la direction de la traction de la rêne seule, puisque le poids du cavalier, la jambe ou l'appui de la rêne contre l'encolure n'auront pas pu l'aider.

3° La marche de travers doit s'exécuter en dehors de la piste

En parlant plus haut de la marche de travers ou de deux pistes, nous avons avec intention supposé le cheval appuyant au milieu d'un terrain ou d'un manège.

Nous pensons en effet que la marche de deux pistes exécutée pendant le dressage le long d'un mur offre de grands inconvénients. D'abord elle est plus difficile.

Ensuite, en raison des termes généralement employés pour l'indiquer ou la commander (même dans la méthode selon Dutilh), selon que l'on veut la faire exécuter la tête contre le mur ou au contraire la croupe contre le mur, elle jette dans l'esprit du cavalier une confusion regrettable.

1° Elle est plus difficile.

Supposons, en effet (fig. 9), un cheval AB appuyant contre le mur XY suivant l'inclinaison YAB et un autre cheval DE appuyant au milieu du manège suivant une inclinaison GFE égale à YAB.

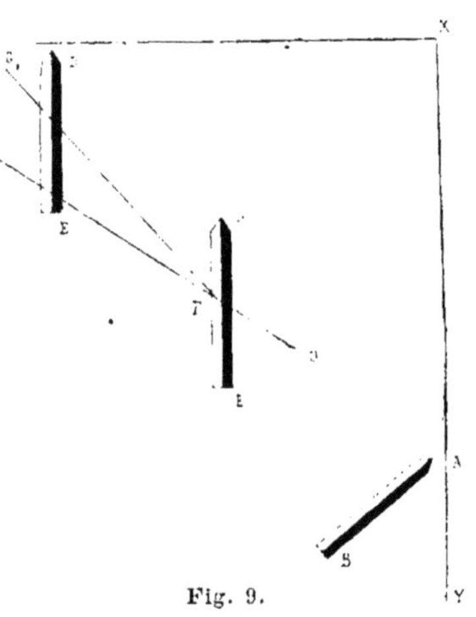

Fig. 9.

Nous avons expliqué plus haut que la marche de travers est d'autant plus difficile que le cheval, en l'exécutant, gagne moins de terrain en avant : par conséquent, si, en marchant de travers, le cheval hésite ou éprouve quelque difficulté, le bon sens indique que, pour y obvier, il suffira de lui faire gagner un peu moins de terrain sur le côté, c'est-à-dire un peu plus de terrain en avant. Or, lorsque le cheval AB appuie en suivant le mur, il est impossible au cavalier, en cas de difficulté, de lui faire gagner du terrain en avant, le mur l'en empêche. Il est obligé alors de changer son inclinaison, c'est-à-dire souvent de le redresser complètement pour reprendre ensuite, après quelques pas, la marche de travers.

Au contraire, lorsque le cheval DE appuie dans l'intérieur du manège, en cas de difficulté survenue au point F par exemple, rien n'empêche de gagner plus de terrain en avant en en prenant moins sur le côté : l'inclinaison du cheval est ainsi diminuée sans à-coup. Le cheval continue à marcher de travers, mais suivant une autre ligne FG′ par exemple. La figure 9 montre suffisamment que l'on peut incliner plus ou moins cette nouvelle ligne.

Ainsi, au milieu du manège, le cavalier reste libre de varier le degré d'inclinaison de la marche de travers suivant les circonstances; au contraire, en suivant le mur, il se lie les mains en se créant une difficulté de plus; d'où, comme conclusion, la gymnastique ne doit se faire contre le mur qu'autant qu'elle est devenue familière au cheval, c'est-à-dire que ses membres, assouplis préalablement au milieu du manège, pourront l'exécuter facilement; il n'y a alors plus de difficultés, d'hésitations à redouter. Suivre le mur en la commençant, c'est mettre la charrue devant les bœufs.

2° Cette pratique jette le trouble dans l'esprit des cavaliers.

Les instructeurs ont en effet l'habitude, au lieu de l'expression : *demi-hanche la croupe en dedans ou la croupe en dehors* selon le décret du 13 mai, de dire demi-hanche, l'épaule ou les épaules en dedans ou en dehors; de telle sorte que presque tous les cavaliers s'imaginent que l'épaule en dedans veut dire marcher de travers la croupe au mur, et l'épaule en dehors marcher de travers, la croupe en dedans.

C'est du moins ce que l'on nous répond presque toujours pour ne pas dire toujours, lorsqu'il nous arrive de demander ce *qu'est l'épaule en dedans,* la grande majorité s'imaginant que l'épaule en dedans indique le côté que l'on regarde en décrivant une figure de manège, et le très petit nombre seulement se doutant que c'est un procédé de conduite d'une application continuelle dans le dressage du cheval, procédé qui peut et doit s'employer en un point quelconque du manège, sur n'importe quelle figure, en terrain libre comme en terrain couvert, qui constitue enfin un des moyens, ou mieux le moyen le plus puissant dont dispose le cavalier pour gymnastiquer son cheval.

4° Qu'est-ce que l'épaule en dedans ?

Nous pourrions renvoyer le lecteur à l'ouvrage de La Guérinière, et, nous armant de son autorité incontestée, passer outre; nous ne le ferons pas et cela pour deux raisons :

La première est qu'en agissant de la sorte nous commettrions la faute, si répandue, hélas ! à laquelle nous avons fait allusion au commencement de ce travail, en parlant des progressions attribuées, à tort ou à raison, à tel ou tel écuyer plus ou moins célèbre de notre époque.

La deuxième est que, vu le vieux français dont se

sert La Guérinière, ses termes moins usités maintenant et surtout, il faut bien le dire, les connaissances très incomplètes du plus grand nombre, nous ne voulons pas exposer la bonne volonté de nos lecteurs à se buter contre des obstacles insurmontables.

Ainsi donc, expliquons-nous.

Le terme *épaule en dedans* désigne une position momentanée des épaules du cheval l'une par rapport à l'autre : il veut dire que, par suite d'une disposition particulière de la machine animale, une de ses épaules se trouve en dedans et par suite en arrière de l'autre.

Le cheval, en raison de la flexibilité de sa colonne vertébrale, peut se ployer par côté à gauche ou à droite. Supposons-le ployé à droite, l'axe de son corps AB (fig. 10) affectant une courbure dont le centre serait à O par exemple.

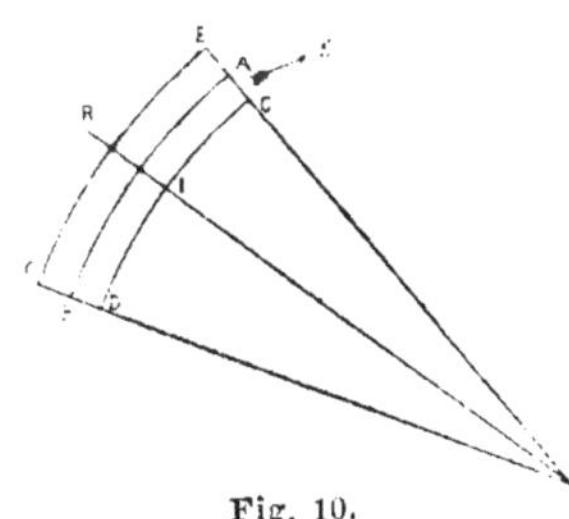

Fig. 10.

Dans cette position, toutes les parties qui composent le côté droit du cheval se resserrent en se maintenant sur la courbe CD, tandis que toutes les parties du côté gauche se dilatent en se maintenant sur la courbe EG : ces deux courbes CD et EG ayant pour centre commun le point O.

Par rapport à ce centre commun O, tous les points de la courbe CD sont donc en dedans de leurs points symétriques de la courbe EG, puisqu'ils en sont plus rapprochés, et, par rapport au point K, direction de la marche, tous les points de la moitié antérieure de la courbe CD, soit CI, sont en arrière de leurs points symétriques de la moitié antérieure de la courbe EG, soit ER, tandis que tous les points de la moitié postérieure de la courbe CD, soit ID, sont en avant des points symétriques de la moitié postérieure de la courbe EG, soit RG. Donc, en résumé, le point C, c'est-à-dire l'épaule droite, dans le cas actuel, est en dedans et en arrière du point E, c'est-à-dire de l'épaule gauche, et la hanche droite D est en dedans et en avant de la hanche gauche G, et cela parce que le cheval est courbé à droite.

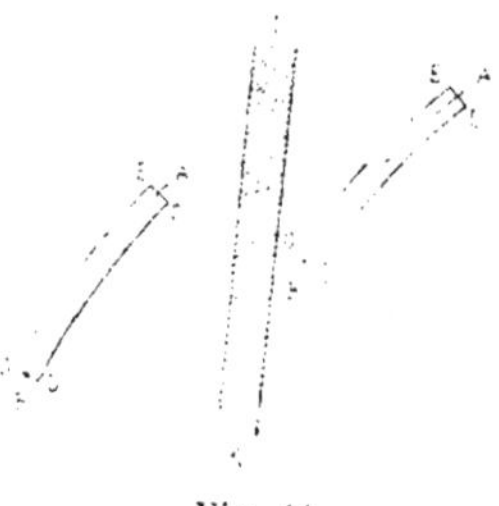

Fig. 11.

Que l'on place devant la tête du cheval une muraille ou qu'on la mette derrière sa croupe, que l'on suppose une circonférence d'un rayon quelconque passant par le

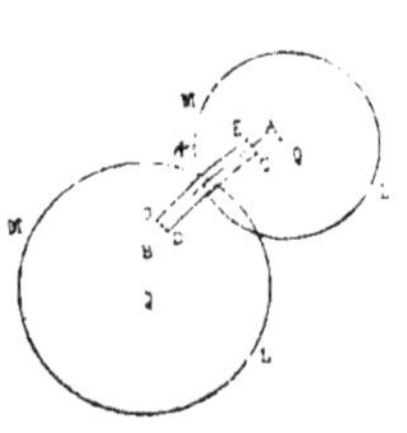

Fig. 12.

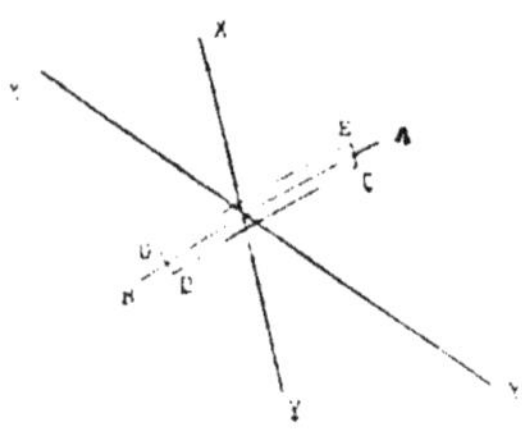

Fig. 13.

centre du cheval ou une ligne droite d'une inclinaison quelconque sur l'axe du cheval AB passant par le même point, peu importe.

Tant que le cheval sera courbé à droite, le point C, c'est-à-dire l'épaule droite, sera toujours en dedans et en arrière du point E, c'est-à-dire de l'épaule gauche.

Le mur IK, la circonférence MQL, la ligne droite XY n'y sont pour rien. Et si le cheval restant courbé à droite suit la muraille (fig. 11), ou la circonférence (fig. 12), ou la ligne droite (fig. 13), on dira *qu'il marche l'épaule droite en dedans,* en tenant des hanches, la tête ou la croupe au mur, la croupe en dedans ou la croupe en dehors, ou simplement en tenant des hanches ;

L'épaule droite en dedans indiquant la position incurvée à droite du cheval, tandis que la tête ou la croupe au mur, la croupe en dedans ou en dehors spécifient le côté vers lequel est tourné le cheval en suivant la figure ou la ligne sur laquelle il marche de travers.

Ainsi, dire que le cheval marche l'épaule droite en dedans en tenant des hanches, signifie que, dans cet exercice, le cheval est courbé à droite ; de même, dire que le cheval marche l'épaule gauche en dedans en tenant des hanches signifie qu'il est courbé à gauche. Et comme, dans chacune de ces positions, il peut aller la tête ou la croupe au mur, la croupe en dedans ou en dehors, il en résulte que le terme *demi-hanche épaule en dedans ou en dehors,* ou celui plus généralement employé *épaule en dedans ou en dehors,* ne veut rien dire.

Laquelle ? demanderons-nous : à moins cependant que l'instructeur, ayant le projet de faire marcher son cheval de travers en maintenant les deux épaules à la même hauteur, ne mette *épaules* au pluriel.

Le respect de l'orthographe ne justifierait pas, selon nous, une semblable prétention, et nous n'insistons pas.

Quand, dans un manège, on entend un instructeur commander à ses élèves qui suivent la piste, ou décrivent une circonférence, une volte, etc. : *Épaules* ou *Épaule en dedans* ou *en dehors* (ce qui s'entend constamment), on peut être certain qu'il ne sait pas ce qu'est le travail sur l'épaule en dedans, qu'il ne se doute pas des résultats que ce travail, véritable gymnastique du corps du cheval, doit donner ; qu'il n'a pas même réfléchi que si le cheval n'a qu'une seule tête, qu'une seule croupe, ce qui permet d'employer le terme *demi-hanche la tête ou la croupe en dedans ou en dehors* sans mettre les cavaliers dans l'embarras, il possède au contraire deux épaules, ce qui le met dans la nécessité d'indiquer à ses élèves celle qu'ils doivent travailler à son commandement.

5° Comment s'obtient la marche de travers sur l'épaule en dedans? Résultats de cet exercice au point de vue du dressage

Supposons le cheval OR marchant suivant la ligne XY (fig. 14).

Le cavalier, après avoir ouvert légèrement la rêne droite vers la droite de manière à amener la tête à droite en O′, tire sur cette rêne vers la gauche plus ou moins en arrière; il règle, bien entendu, l'effet produit par la rêne droite au moyen de la rêne gauche.

L'encolure se plie à droite, sa base est rejetée sur l'épaule gauche A. L'épaule droite B, maintenue en dedans et *en arrière* de l'épaule gauche A, appuie sur les côtes droites qui communiquent cette pression à la hanche droite ; celle-ci à son tour la transmet à la hanche gauche déjà sollicitée à gauche par l'élasticité même de la colonne vertébrale, de telle sorte que tout le poids de la machine repose en A et en C. Dès lors le cheval est obligé de se porter de travers vers la gauche marchant de deux pistes suivant une direction F, qui dépend de la direction de la traction de la rêne droite et du mouvement du cheval.

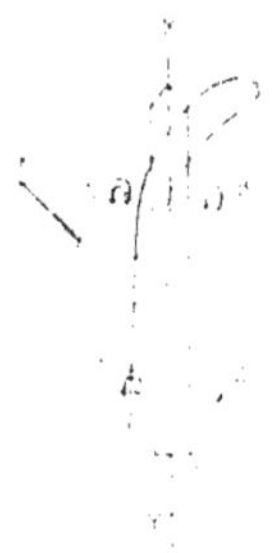

Fig. 11.

Dans cette marche de travers vers la gauche à laquelle le cheval ne saurait se soustraire, puisqu'elle résulte de la disposition du poids de son corps, les membres droits se portent vers la gauche en passant par-dessus les membres gauches et leurs mouvements sont d'autant plus étendus que la marche est plus rapide et que le cheval gagne moins de terrain en avant.

Les membres droits vont donc s'assouplir ; mais ce n'est pas tout, car non seulement les membres droits s'assoupliront et se fortifieront, mais encore ils le feront chacun d'une manière différente et dans le sens que le cavalier a intérêt à rechercher pour rendre son cheval maniable. D'une part, en effet, le membre antérieur droit exécutera son mouvement en s'élevant, tandis que le membre postérieur droit fera le sien en s'abaissant et en s'engageant sous la masse.

1° Le membre antérieur droit s'élèvera pour passer par-dessus son voisin, parce que, d'une part, rien ne l'en empêche. Qu'y a-t-il en effet devant lui ? Rien, si ce n'est l'encolure qui est fort au-dessus, et que, d'autre part, cela lui est plus facile, car en s'élevant pour se porter en avant par-dessus le membre gauche, le membre droit court moins de risque de le rencontrer, et le membre gauche se retirera à son tour de derrière le membre droit d'autant plus aisément que celui-ci se sera porté plus en avant.

Cela découle de la conformation des membres antérieurs qui sont verticaux dans la station et dans lesquels l'articulation du genou pendant la marche est portée en avant et en haut par la flexion de l'avant-bras sur le bras.

Il suffit d'ailleurs, pour s'en convaincre, de faire soi-même l'expérience de ce que nous avançons en marchant de travers de sa personne. Les jambes de l'homme étant verticales ainsi que les membres antérieurs du cheval, et chez les deux les genoux se fléchissant de la même manière, la comparaison est parfaite. Cette expérience ne laissera aucun doute sur la nature des mouvements que font les membres antérieurs du cheval en se chevauchant.

2° Le membre postérieur droit s'abaissera pour passer en avant de son voisin de gauche, parce qu'il ne peut pas faire autrement; comment pourrait-il en effet s'élever pour aller vers la gauche ? Est-ce que le corps du cheval, son ventre, n'est pas là pour l'en empêcher et le forcer à se glisser sous lui pour aller vers la gauche ?

D'ailleurs, cela lui est plus facile en raison de sa conformation ; le jarret se plie en effet dans un sens opposé au genou, le mouvement de flexion de la jambe sur la cuisse le porte en arrière au lieu de le porter en avant. Si le jarret droit se portait vers la gauche en s'élevant, il rencontrerait donc le membre gauche. Il faut, pour éviter ce heurt, qu'il se glisse en avant sous la masse du cheval.

Que va-t-il résulter maintenant de cette gymnastique exécutée tantôt à droite et tantôt à gauche, de ces mouvements d'élévation des membres antérieurs et de ces mouvements d'affaissement des membres postérieurs ?

D'une part, pour les membres antérieurs, le jeu libre des épaules, l'extension facile des membres, la légèreté de l'avant-main, le trot en se décrochant la gourmette.

D'autre part, pour les membres postérieurs, l'abaissement des hanches, l'engager des membres postérieurs sous la masse, leur détente se traduisant complètement pour les pousser en avant, tout son effet employé dans le sens du mouvement.

Certes, si l'épaule en dedans ne produisait que cela, notre désir de la voir appliquer par tous les cavaliers serait suffisamment justifié; car, si nous avons bien su nous expliquer, le lecteur aura compris que la pratique du travail sur l'épaule en dedans, en donnant au cheval la légèreté de l'avant-main, en lui rendant facile l'engager de l'arrière-main, concourt au développement de ses allures qu'elle rend rapides et brillantes.

Mais ce n'est pas tout : l'épaule en dedans amène encore le liant, la grâce et la souplesse du corps, elle assure l'obéissance à la jambe et la soumission à la main, elle met en un mot toutes les forces du cheval à la libre disposition du cavalier.

1° Elle donne le liant, la grâce et la souplesse en

assouplissant la colonne vertébrale dans tous les sens, c'est-à-dire par côté ou latéralement et de haut en bas.

Par côté ou latéralement, puisque, dans ce travail, la colonne vertébrale se trouve régulièrement fléchie de la tête à la croupe..

De haut en bas, c'est le résultat du travail du membre postérieur obligé de se glisser sous la masse pour chevaucher par-dessus son voisin, mouvement qui affaisse la partie du coxal auquel le membre est attaché et par suite l'extrémité postérieure de la colonne vertébrale à laquelle cet os, base de la croupe, est intimement lié. La colonne vertébrale se fléchit donc de haut en bas et se détend alternativement en suivant les mouvements des membres postérieurs; ce travail gymnastique les prépare à prendre aisément toutes les positions nécessitées pour l'exécution des mouvements les plus difficiles et les met à même de communiquer sans secousse à toutes les parties de la machine les volontés du cavalier.

2° L'épaule en dedans assure l'obéissance à la jambe. Dans ce travail, le cheval est en effet placé de manière à supporter l'appui de la jambe sans pouvoir se défendre; car sous l'effort de la rêne droite tirée vers la gauche, le corps du cheval se ploie à droite, son poids reposant sur le côté gauche l'entraîne vers la gauche, de telle sorte que les hanches, en se portant vers la gauche, exécutent précisément ce qu'elles devront faire lorsque le cheval sera obéissant à la jambe droite. Elles se trouvent donc dans les meilleures conditions pour d'abord en supporter, pour en endurer ensuite la pression et enfin pour fuir le talon.

A mesure que ce travail devient plus facile au cheval, le cavalier en s'aidant de la rêne droite passe du contact de la jambe à l'appui du talon et enfin au pincer de l'éperon; et le résultat cherché, c'est-à-dire l'obéissance à la jambe, s'obtient d'autant plus rapidement que, d'une part, le cheval se trouve dans les meilleures conditions pour y obéir, et que, d'autre part, en cas de résistance, d'hésitation de sa part, le cavalier possède dans l'action plus énergique de la rêne droite le moyen d'en triompher.

Bien des cavaliers, loin de reconnaître que le travail sur l'épaule en dedans rend le cheval obéissant à la jambe, lui reprochent au contraire de rendre le cheval lourd à la jambe et de provoquer parfois la ruade et des défenses.

Cela provient de ce qu'ils se servent mal de leur rêne ou, du moins, qu'ils la tirent dans une mauvaise direction.

Supposons en effet que le cavalier se propose de faire marcher son cheval de travers à gauche.

Nous avons expliqué plus haut que ce mouvement sera obtenu par l'action de la rêne droite tirée à gauche dans une direction intermédiaire.

Si le cavalier tirait la rêne droite en arrière à gauche, en avant des épaules (4ᵉ effet de la rêne), qu'arriverait-il? Le cheval répondrait à cette action en portant ses épaules à gauche, mais en arrière, et en jetant ses hanches plus ou moins à droite; dès lors l'action de la rêne droite, loin de venir au secours de la jambe droite, s'opposerait à son action. Le cavalier aurait à lutter avec la jambe non seulement contre la masse même du cheval, mais encore contre l'action de la rêne, d'où, comme résultats, les inconvénients signalés plus haut.

Si, au contraire, le cavalier tire la rêne droite à gauche, mais plus en arrière, le cheval répondra à cette action en portant ses épaules à gauche et en avant, celles-ci entraîneront les hanches vers la gauche.

Dès lors la rêne produira sur les hanches la même action que la jambe. Non seulement le cavalier n'aura pas à lutter avec la jambe contre la masse de l'arrière-main préalablement entraîné vers la gauche, non seulement l'action de la jambe s'accordera avec celle de la rêne, mais encore le cavalier pourra franchement aller jusqu'à l'éperon, certain que si le cheval, désagréablement impressionné, avait un moment d'hésitation, il en triompherait infailliblement en augmentant l'action de la rêne.

C'est donc la direction de la traction de la rêne qui entretient le mouvement du cheval, et l'on conçoit que sous son influence il soit loisible au cavalier de pincer vigoureusement de l'éperon ou des deux éperons.

Nous ne connaissons pas d'autre manière de donner la leçon de l'éperon avec la certitude d'un résultat plus rapide; car non seulement l'arrière-main est entraîné en avant comme il vient de l'être expliqué, mais encore la main se trouvant naturellement haute en raison de la direction de la traction de la rêne en arrière et à gauche, le cheval se trouve, sous cette double action, dans l'impossibilité de ruer ou de se cabrer.

Il est donc préparé pour recevoir l'attaque et préparé

pour y répondre : c'est le cas ou jamais de le mettre franchement et résolument dans le mouvement en avant.

3° L'épaule en dedans assure la soumission à la main.

Définissons d'abord ce que doit être la soumission à la main. Elle est de deux sortes : l'une élémentaire primitive ; l'autre complète absolue.

La première existe lorsque le cheval porte la mâchoire, ou mieux le bas de la tête du côté où la rêne le sollicite. Ainsi, quand on tire sur une rêne, la droite par exemple, la mâchoire, le bas de la tête, doit répondre à cette action en se portant à droite. Tout cheval qui supporte le mors doit répondre à cette action ; cette obéissance suffit pour conduire et diriger le cheval plus ou moins lourdement.

L'obéissance complète existe quand le cheval, en portant le bas de la tête du côté où la rêne le sollicite, ouvre en même temps la mâchoire pour la refermer dès que la traction cesse ; c'est ce qu'en terme d'équitation on appelle la cession de la mâchoire, cession indispensable pour manier le cheval facilement avec adresse et grâce : aussi, c'est cette cession après laquelle courent tant de cavaliers inexpérimentés qui, après avoir tâté de tout, ont recours, en désespoir de cause, pour l'obtenir, aux flexions innombrables imaginées par des cerveaux aux abois.

Au moyen de ces flexions, on se propose d'assouplir les muscles de la mâchoire ; d'autres procédés, des ficelles, comme on dit, ont pour but de diviser les appuis.

Prônés par des écuyers hors ligne auxquels ils ont plus ou moins réussi, ils sont absolument en dehors des cordes de la masse, qui obtient généralement, en en essayant, des bouches de coton et des encolures flasques.

Ces piètres résultats proviennent d'une idée fausse qui consiste à croire que la mobilité de la mâchoire ou celle de l'encolure entraîne infailliblement celle de la colonne vertébrale.

Nous dirons au contraire que c'est la mobilité de la colonne vertébrale, sa souplesse, qui entraîne celle des muscles de la mâchoire.

De telle sorte que si la mâchoire, l'encolure même, peuvent être souples avec une colonne vertébrale, un corps raides, au contraire une colonne vertébrale, un corps souples entraînent toujours la mobilité des muscles de l'encolure et aussi de la mâchoire.

La raideur de la mâchoire peut en effet se traduire de trois manières différentes :

Ou bien les deux barres, restant à la même hauteur, opposent à la traction des deux rênes une résistance égale ;

Ou bien la barre droite débordant la barre gauche, la dépassant, oppose seule à la traction de la rêne droite une résistance invincible ;

Ou encore semblable résistance provient de la barre gauche.

Dans le premier cas, que la tête soit haute ou basse, la colonne vertébrale est raidie dans tout son ensemble par une égale contraction des muscles latéraux de toute la machine, et le cheval, insensible à la main, ne peut plus être dirigé ; il emmène son cavalier dans la direction prise par la tige médiane, l'axe de la machine.

Si le cheval, préalablement rompu à des flexions de mâchoire, se rappelant par hasard sa leçon, vient à céder de la bouche ou même à ployer l'encolure, le mouvement du corps n'en persiste pas moins, le cheval continue à s'échapper. Sa bouche de coton ayant pris l'habitude de s'ouvrir en bâillant, son encolure de papier mâché ayant pris celle de se tordre dans tous les sens, la tête et l'encolure ne sont plus d'aucun secours pour conduire le cheval : l'une s'ouvre, l'autre se courbe sans rompre la contraction du corps dont l'axe (la colonne vertébrale) reste toujours raidi dans le même sens ; le cavalier n'a plus rien devant lui ; le cheval, devenu son maître, l'entraîne à sa guise.

Si, au contraire, le cavalier, au lieu de ne penser qu'à la tête et à l'encolure, peut arriver à faire dévier l'arrière-main de la direction suivie, dès lors la colonne vertébrale, le corps, en se mettant de travers, se déraidit, puisque la contraction de ses muscles cesse tout au moins d'un côté ; l'encolure n'ayant plus de point d'appui pour se contracter, se décontracte à son tour, et le cavalier redevient maître d'agir sur ce balancier pour ralentir et diriger la machine.

Quand les deux barres opposent une résistance égale aux deux rênes, peu importe, pour les combattre, le côté vers lequel le cavalier cherchera à dévier les hanches ou l'arrière-main. Le but est de rompre la raideur du corps. Or, puisqu'elle résulte d'une égale contraction des muscles latéraux, la déviation des hanches soit à droite, soit à gauche, produira le résultat poursuivi en fléchissant par côté la colonne vertébrale. Quand la résistance proviendra de la barre droite, elle sera le résultat de la contraction des muscles latéraux de gauche. Sous leur effort, l'encolure sera plus ou moins ployée à gauche, par suite l'épaule gauche, maintenue en arrière de la droite, et par cela même les hanches rejetées à droite ; il faudra donc, pour combattre cette contraction, chasser les hanches à gauche.

Enfin, dans le cas de résistance provenant de la barre gauche, il faudra faire chasser les hanches à droite.

En résumé, dans le cas de résistance à la main, qu'elle soit complète ou partielle, c'est-à-dire traduite sur les deux barres ou seulement sur l'une d'elles, il faudra toujours, pour la vaincre, faire dévier les hanches latéralement.

Or, nous avons vu plus haut que le travail sur l'épaule en dedans, d'une part assouplit la colonne vertébrale et d'autre part amène les hanches à fuir le talon ; il met donc le cheval dans les conditions voulues pour obéir à la main. Et cette obéissance, d'abord élémentaire, incomplète, devient bientôt absolue par la pratique d'un travail qui, en faisant disparaître toutes les contractions de la machine animale, ne laisse plus aucun point d'appui aux contractions de la mâchoire. Celle-ci cède sans effort, naturellement, sans aucune flexion préparatoire ; la cession si recherchée est obtenue, et le cavalier peut dès lors utiliser toutes les qualités qu'il vient de développer chez son cheval.

Ainsi donc, en résumant :

L'épaule en dedans fait naître :

1° La liberté des épaules, l'obéissance à la main et, par suite, la légèreté de l'avant-main ;

2° La souplesse des hanches, l'obéissance à la jambe et, par suite, l'engager de l'arrière-main ;

3° Enfin, le liant de la colonne vertébrale, l'accord gracieux de l'avant-main et de l'arrière-main, et par suite rend facile la transmission à toutes les parties de la machine des ordres du cavalier, que sa volonté se manifeste par la main pour ralentir le mouvement, le modérer, ou par les jambes pour l'exciter.

N'est-ce donc pas là la gymnastique par laquelle tout dressage doit commencer, à laquelle il faut revenir à chaque séance d'instruction ?

Ne constitue-t-elle pas, dans l'instruction du cheval, le véritable travail préparatoire que le cheval doit pouvoir exécuter en appuyant à droite aussi facilement qu'en appuyant à gauche, afin que toutes les parties symétriques soient également assouplies, afin qu'il soit aussi obéissant à la jambe droite qu'à la jambe gauche, aussi soumis à la rêne droite qu'à la rêne gauche ?

C'est le point de départ et le point d'arrivée. Il assure en effet la franchise aux jambes et la légèreté à la main.

Contre-changement de main.

La nécessité d'un assouplissement aussi parfait du côté droit que du côté gauche, et réciproquement, fait que, dans ce travail préparatoire sur la ligne droite, le cavalier doit alternativement faire marcher son cheval de travers à droite et à gauche. Le cheval suit alors en marchant de deux pistes une succession de lignes droites inclinées en zigzag les unes sur les autres. La figure ainsi dessinée se nomme, en terme de manège : contre-changement de main (fig. 15).

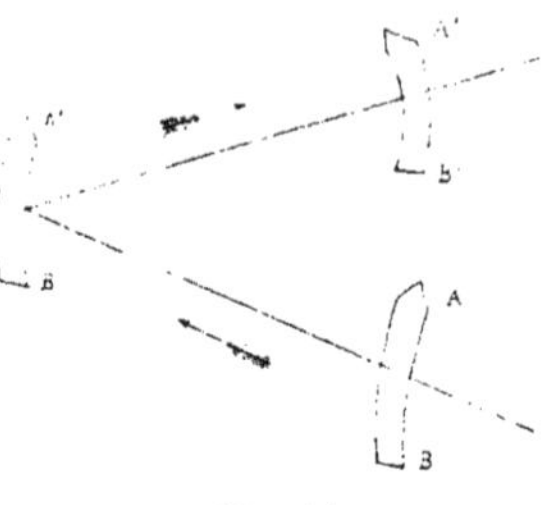

Fig. 15.

CHAPITRE II

MARCHE DE TRAVERS SUR LA LIGNE COURBE

1° LE TRAVAIL DE L'ÉPAULE EN DEDANS SUR LA LIGNE COURBE DOIT SUCCÉDER A CE TRAVAIL EXÉCUTÉ SUR LA LIGNE DROITE

Quoique dans la pratique de la marche de travers sur l'épaule en dedans, il existe différents degrés de difficultés provenant de l'inclinaison plus ou moins accusée du cheval et de la rapidité plus ou moins grande

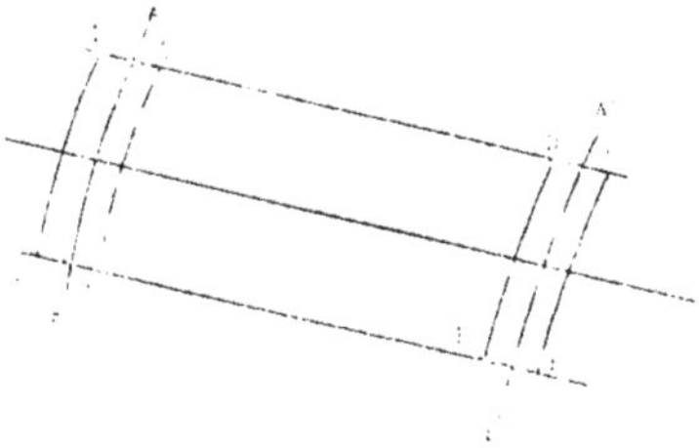

Fig. 16.

de son allure, il n'en est pas moins vrai que, tant qu'elle s'exécute suivant une ligne droite, les membres antérieurs et les membres postérieurs (fig. 16) suivant des pistes parallèles, parcourent le même terrain; ils travaillent donc également, c'est-à-dire que les membres antérieurs s'assouplissent et se fortifient autant que les membres postérieurs, ni plus ni moins.

Ainsi, si chez tel cheval, au début de son dressage, les membres antérieurs sont plus raides que les postérieurs, ou réciproquement, le travail de l'épaule en dedans sur la ligne droite, les ayant assouplis également, ils seront arrivés, après avoir pratiqué cette gymnastique, à des degrés de souplesse inégaux, de telle sorte qu'on aura développé chez le cheval des qualités de vitesse et du brillant dans les allures, nécessaires au mouvement sur la ligne droite; mais on n'aura pas obtenu dans l'avant-main et dans l'arrière-main toute la souplesse indispensable pour tourner aussi facilement à droite qu'à gauche, ou réciproquement.

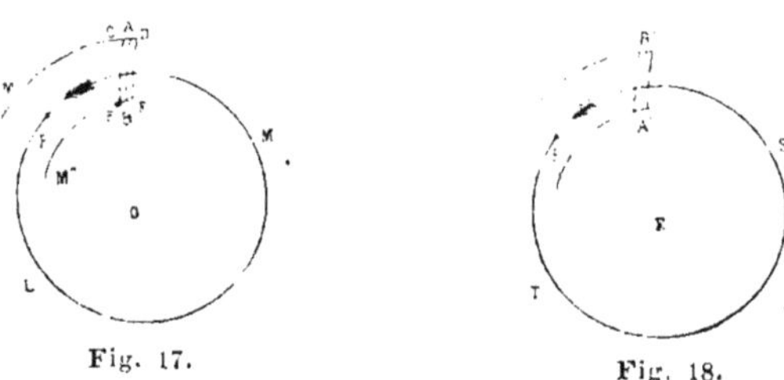

Fig. 17. Fig. 18.

D'où il résulte qu'il faut de toute évidence avoir le moyen d'exercer, par une gymnastique raisonnée, les membres antérieurs ou les membres postérieurs, de manière à pouvoir, selon les circonstances, faire travailler plus ou moins les uns ou les autres.

Or, ce moyen est fourni par la marche de travers sur la ligne courbe.

Les membres antérieurs du cheval AB (fig. 17) qui marche de deux pistes, la croupe en dedans, sur la circonférence OLM (direction F), parcourent une circonférence CM' d'un rayon plus long que celui de la circonférence EM" suivi par les membres postérieurs.

Faisant plus de terrain, ils travaillent davantage que les membres postérieurs, d'autant plus qu'ils vont plus vite qu'eux.

Réciproquement, les membres postérieurs du cheval A'B' (fig. 18), qui marche de deux pistes la croupe en dehors, sur la circonférence TRS, travaillent à leur tour davantage que les membres antérieurs.

D'un autre côté, la marche circulaire est pénible pour le cheval. Il suffit, pour en convaincre nos lecteurs, de leur rappeler combien peu de cavaliers militaires arrivent à décrire facilement au trot, et surtout au galop, une volte, c'est-à-dire une circonférence d'un rayon un peu court.

Cela tient à ce que, pour tourner sans à-coups, il faut que le cheval puisse se ployer, afin que ses membres postérieurs restent sur la circonférence suivie par les membres antérieurs.

Si le cheval ne peut se ployer, si sa colonne vertébrale est raide de la tête à la queue, il tournera d'une pièce.

Alors, de deux choses l'une : ou le cheval tournera sur les épaules, c'est-à-dire sur les membres de devant, ou il tournera sur les hanches, c'est-à-dire sur ceux de derrière.

S'il tourne sur les épaules, les hanches seront projetées en dehors du cercle avec d'autant plus de force que la courbe sera plus courte et la vitesse de la marche plus rapide. Emporté par le poids de son arrière-main, le cheval aura beaucoup de peine à se soumettre aux exigences de son cavalier qui, de son côté, pour arriver à maintenir le cheval sur la circonférence, devra faire de véritables manœuvres de force.

La figure 19, dans laquelle le cheval A B est représenté dans plusieurs positions successives autour de la circonférence O L M, fait suffisamment ressortir ce que nous venons d'expliquer.

Si le cheval tourne sur les hanches, le mouvement contraire aura lieu. Pour empêcher le cheval de suivre l'avant-main, ce qui l'entraînerait en dehors de la circonférence, le cavalier cherchera constamment à ramener l'avant-main sur la courbe, et alors ou bien le cheval tournera en jetant les hanches à l'intérieur du

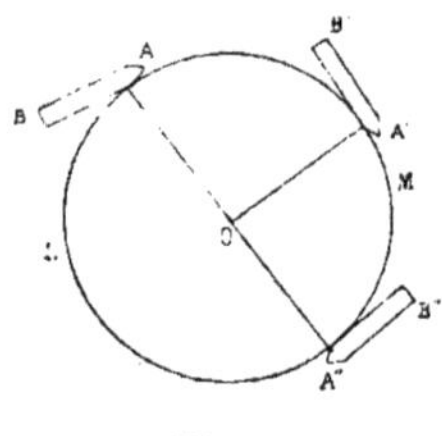

Fig. 19.

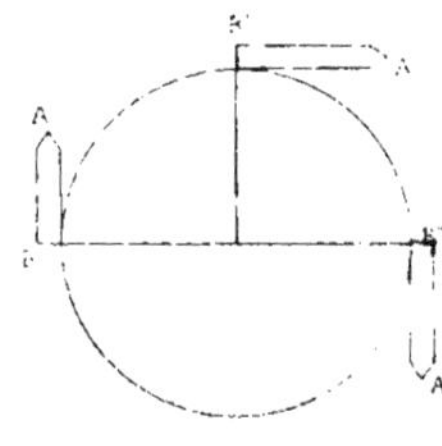
Fig. 20.

cercle où il refusera absolument de tourner (fig. 20), c'est ce que nous voyons se produire dans les dressages. En désespoir de cause et n'y comprenant rien, le cavalier accuse alors son cheval de mauvaise volonté, il est rétif, dit-il, et alors gare les coups, on fait preuve de vigueur, en forçant le malheureux animal à tourner jusqu'à ce que bête et homme soient rendus.

Si, au contraire, le cheval ayant été préalablement assoupli sur la circonférence, le cavalier reste toujours maître de porter ses hanches à droite ou à gauche de la courbe suivie par les épaules et réciproquement, il pourra *à fortiori* maintenir les unes et les autres sur la même ligne circulaire.

Donc, qu'il s'agisse d'assouplir les membres antérieurs du cheval ou ses membres postérieurs, ou qu'il s'agisse de le préparer à la marche circulaire ; dans les deux cas, la gymnastique sur la circonférence est indiquée : elle doit succéder par conséquent à la gymnastique exécutée sur la ligne droite. Ou mieux, le cheval doit être soumis à l'une et à l'autre alternativement.

2° Le travail de l'épaule en dedans sur la ligne courbe doit précéder les demi-tours sur les épaules et sur les hanches

Mais, nous dira-t-on, si l'assouplissement de l'arrière-main découle du travail plus accusé des membres postérieurs ; si de même l'assouplissement de l'avant-main résulte du travail plus étendu des membres antérieurs, il s'ensuit que cette souplesse sera obtenue bien plus rapidement si, au lieu de faire marcher le cheval de travers sur la ligne courbe, dans le but de faire décrire aux membres postérieurs et antérieurs une circonférence d'un rayon plus grand que celle parcourue par les membres antérieurs ou postérieurs, on se contente tout bonnement de ne faire marcher que les hanches ou seulement que les épaules, c'est-à-dire de faire pivoter les hanches autour des épaules immobiles, et réciproquement ; en un mot, d'exécuter les demi-tours sur les épaules ou sur les hanches.

Cette manière de faire semble rationnelle à première vue ; mais en y réfléchissant, on reconnaît que le demi-tour sur les épaules, et principalement le demi-tour sur les hanches, bien exécutés, prouvent une souplesse complète, qu'ils ne sont pas un moyen d'assouplissement, mais au contraire un but à atteindre.

En effet, dans le demi-tour sur les épaules, les membres postérieurs décrivent une courbe autour des membres antérieurs, mouvement difficile pour le cheval, non seulement parce que les membres postérieurs doivent se croiser en se coulant sous la masse, mais encore parce que le rein doit travailler d'une façon plus particulière, et que le poids de la masse doit se porter davantage en avant pour assurer la parfaite régularité du mouvement.

Cette difficulté sera d'autant plus grande que le demi-tour sera plus régulier, c'est-à-dire que les membres antérieurs seront immobiles ou presque immobiles.

Elle diminuera si les membres antérieurs ne sont pas astreints à l'immobilité.

Elle sera presque nulle ou même nulle, si les membres antérieurs décrivent un demi-cercle étendu.

Le cheval tourne alors en marchant de travers, la croupe en dehors, sur une circonférence dont le centre sera en avant de lui. Plus ce point sera éloigné de lui, plus les mouvements exécutés par les membres postérieurs seront semblables à ceux qu'exécutent les membres antérieurs, moins il y aura de changé à ce qu'ils exécutent dans la marche de travers sur la ligne droite.

Au fur et à mesure que, le cheval se familiarisant avec cette nouvelle gymnastique, le cavalier diminuera le rayon de la courbe décrite, le travail des membres postérieurs sera plus accusé que celui des membres antérieurs. Les difficultés pour le cheval augmenteront progressivement, mais en raison de cette progression rationnelle, il s'y soumettra sans fatigue, sans hésitation, et il sera ainsi amené peu à peu au point où les membres antérieurs se trouveront eux-mêmes sur le centre de la courbe, et formeront le pivot de la conversion.

En procédant de la sorte, le cavalier aura été du simple au composé, du facile au plus difficile.

Pareil raisonnement s'applique au demi-tour sur les hanches, avec d'autant plus de force que les difficultés pour le bien faire sont plus grandes. Sans nous attarder, en effet, à insister sur ce que le cavalier, pour bien faire ce mouvement, est obligé, pour obvier aux tendances du cheval à reculer ou à jeter ses hanches en dehors, d'étudier de nouvelles combinaisons d'actions ; il nous suffira de rappeler que le demi-tour sur les hanches, bien exécuté sans effort, à toutes les allures, a toujours été regardé pour le cheval comme la preuve d'une souplesse, d'une vigueur particulières, d'une obéissance absolue aux exigences du cavalier, et pour celui-ci, comme la preuve d'un talent consommé auquel bien peu sont capables d'atteindre.

Si ce mouvement est si difficile, n'est-ce donc pas ou jamais le cas de procéder, pour amener le cheval à bien l'exécuter du simple au composé, du facile au difficile ?

Et ne doit-on pas commencer par la marche de travers sur la ligne courbe, la croupe en dedans, sur une circonférence d'un rayon très grand, pour arriver ensuite, en diminuant peu à peu ce rayon, au point où les membres postérieurs, se trouvant sur le centre de la circonférence, formeront le pivot de la conversion ?

3° Comment s'obtient sur la ligne courbe la marche de travers sur l'épaule en dedans?

La nécessité de la marche de travers sur une ligne courbe étant bien démontrée, reste à savoir comment nous allons l'exécuter.

La première question qui s'impose consiste à se demander de quelle action de rêne ou de jambe on se servira pour maintenir sur la ligne circulaire un cheval de travers.

Nous répondrons : la même que sur la ligne droite ; l'épaule en dedans et toujours l'épaule en dedans, qu'il s'agisse de faire faire au cheval de la gymnastique la croupe en dedans ou la croupe en dehors.

La figure 21 indique les deux cas.

D'une part, le cheval A B marchant de travers direction F, la croupe en dehors, est ployé sur une circonférence dont le centre est supposé en O. Il est maintenu dans la direction F par l'action de la rêne droite, qui tire en arrière et à gauche, de manière à porter les épaules vers la gauche sur la courbe EM.

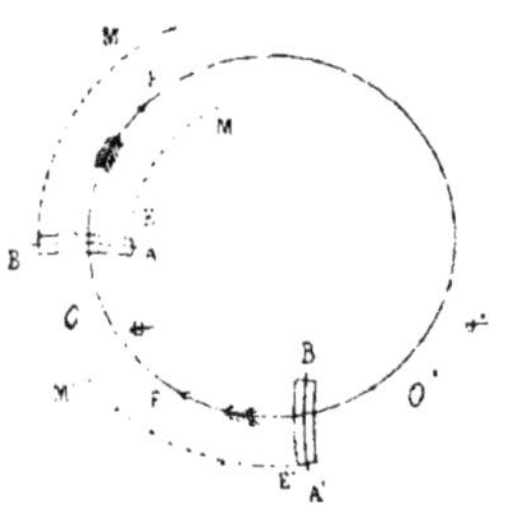

Fig. 21.

Le reste de la machine suit le mouvement des épaules, les hanches se maintiennent sur la courbe BM pour deux raisons : d'abord parce que le mouvement des épaules les entraîne de ce côté, ensuite parce que la tête, amenée à droite, et l'encolure, fortement ployée de ce côté, maintiennent l'épaule droite en arrière, et font opposition aux hanches, qu'elles chassent à gauche.

D'autre part, le cheval A'B', marchant de travers (même direction) la croupe en dedans, est ployé sur une circonférence dont le centre serait en O'. Il est maintenu dans la direction F' par l'action de la rêne gauche, qui tire en arrière et à droite, de manière à porter les épaules vers la droite sur la courbe E'M''; la machine entière est maintenue de travers parce que la tête et l'encolure, ployées à gauche, maintiennent l'épaule gauche en arrière, et font par conséquent opposition aux hanches, qu'elles chassent à droite.

Le cheval obéira d'ailleurs sur la ligne circulaire d'autant plus facilement à cette action de rêne, que par des exercices bien exécutés sur la ligne droite, il aura déjà pris l'habitude de croiser ses jambes et de se ployer par côté. A mesure que le cheval prendra l'habitude de ce nouveau travail, qu'il gagnera en souplesse et en force, que son poids se répartira d'une façon plus conforme au mouvement, le cavalier diminuera peu à peu la force de la traction de cette rêne et parviendra ainsi, et très rapidement, à maintenir son cheval de travers sans pour ainsi dire lui donner le pli indispensable au début.

La deuxième question a trait à la nature de la courbe sur laquelle nous ferons exécuter au cheval la gymnastique en question.

Sera-ce sur une circonférence bien régulière? Sur une ligne courbe bien déterminée, ou au contraire sur une partie de circonférence?

Pour répondre à cette question, nous rappellerons ce qui a déjà été dit plus haut à propos de la marche de travers sur une ligne droite. Nous avons prouvé que, en faisant marcher le cheval de travers le long d'un mur ou sur une ligne droite bien déterminée, le cavalier se crée de véritables difficultés provenant de ce que, en cas d'hésitation, il lui est impossible de faire gagner du terrain en avant à son cheval sans changer sa position ; d'où obligation de le redresser, pour reprendre ensuite la marche de travers ; tandis qu'en travaillant un cheval sur la marche de travers suivant une ligne indéterminée, il se réserve la possibilité, en cas de difficulté, de pousser son cheval en avant sans rien changer à sa position, pour reprendre ensuite, après quelques pas et sans à-coup, la marche par côté.

De même, si le cavalier se propose de faire marcher son cheval AB de travers suivant une circonférence ou une partie de circonférence d'un rayon bien déterminé, volte, demi-volte ou quart de volte (fig. 22), au cas où le cheval, arrivé au point C, manifesterait de l'hésitation, le cavalier devra le redresser, lui faire reprendre la ligne circulaire en A′B′ pour essayer de reprendre ensuite, après quelques pas sur cette ligne, la marche de travers A″B″, d'où les interruptions fréquentes dans le travail de l'épaule en dedans, et des résultats peu rapides au point de vue de l'assouplissement du cheval, et cela pour arriver à la mince satisfaction de faire une volte plus ou moins régulière.

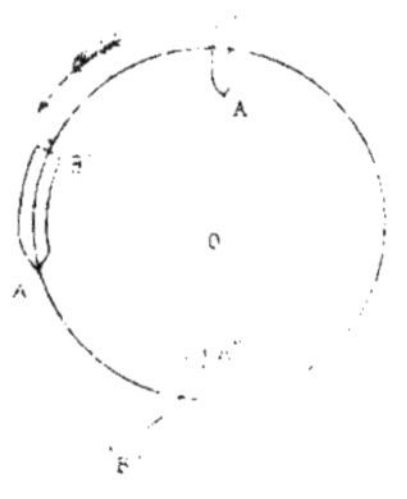
Fig. 22.

Là évidemment n'est pas l'important. Que restera-t-il en effet de cette courbe, de cette figure régulière? Rien, pas même le souvenir. Dans le travail préparatoire on ne peut se proposer de faire des figures tracées au compas. Le manège n'est pas un atelier de dessin. Ne perdons pas de vue le véritable but, qui est d'obtenir le plus rapidement possible la souplesse du cheval.

Pour cela, voici comment nous procédons (fig. 23) :

Faisant marcher de deux pistes le cheval AB au milieu du manège, c'est-à-dire loin des murailles, suivant la ligne XY par exemple (direction F), en arrivant au point O, nous dirigeons le cheval, toujours de travers, suivant la courbe OK. Si, arrivé au point O', le cheval A'B' éprouve de la difficulté, manifeste de l'hésitation, nous le dirigeons suivant une ligne droite O'X' par exemple, en le maintenant toujours de travers, puis aussitôt que la difficulté est disparue, en X' par exemple, nous reprenons la ligne courbe X'O'' et ainsi de suite, de telle sorte que la marche de travers s'exécute sans interruption, suivant une succession de lignes droites et de lignes courbes associées ensemble. La figure est plus ou moins régulière, peu importe, il n'y a pas de temps perdu et c'est le principal. Le cheval, constamment soumis au travail gymnastique, gagne rapidement la souplesse si recherchée.

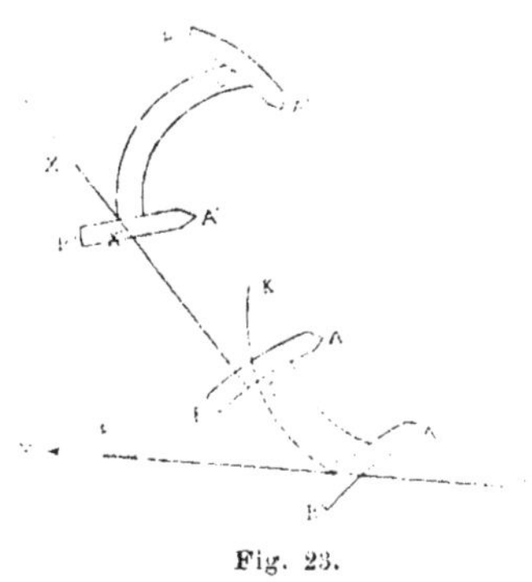
Fig. 23.

Bien entendu, nous procédons de la même manière pour la marche de travers la croupe en dedans (fig. 24).

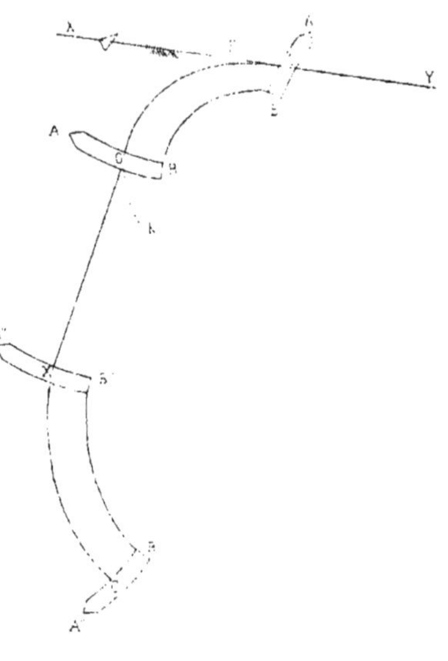

Fig. 24.

Les principes de cet exercice, exécution sur une association de lignes droites et de lignes courbes, sont d'ailleurs implicitement contenus dans tous les traités d'équitation, qui les appliquent pour la marche de travers la croupe en dehors sur les demi-voltes renversées, les changements de main renversés, et pour la marche de travers la croupe en dedans sur la demi-volte et le changement de main doublé.

A. — Demi-volte renversée.

La demi-volte renversée commence par une ligne droite pour se terminer par une demi-circonférence.

Si l'on voulait décrire une demi-volte renversée absolument régulière, il faudrait, après avoir quitté la piste suivant une ligne parallèle à la diagonale du changement de main, marcher sur cette ligne jusqu'au quart, au tiers ou à la moitié du manège, ou aux deux tiers ou plus loin, pour revenir ensuite sur la piste en décrivant une demi-circonférence dont la longueur du rayon dépendrait du point où on aurait commencé sa boucle, de telle sorte que (fig. 25) le rayon de la demi-circonférence CD est plus petit que celui de la demi-circonférence C′D′, C″D″, etc.

D'où il résulte que le cheval qui quittera la piste suivant la ligne BK décrira une courbe plus ou moins accusée selon que, pour rejoindre cette piste, il quittera la diagonale aux points C, C′, C″, C‴, etc.

Et si ce même cheval quitte la piste en suivant la ligne BK sur l'épaule en dedans, et que le cavalier le maintienne sur l'épaule en dedans sur la courbe, pour lui faire regagner la piste, la progression à suivre dans cette gymnastique sera évidemment de commencer à le diriger sur de grandes demi-voltes renversées, pour arriver successivement à lui en faire exécuter de plus petites.

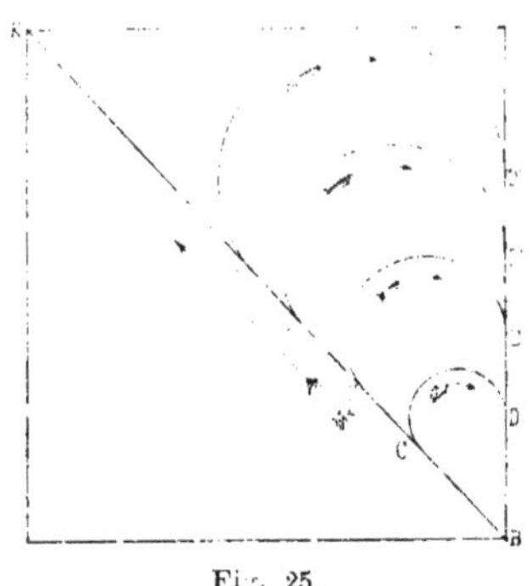

Fig. 25.

Dans ce travail, les membres postérieurs prendront peu à peu la facilité, l'habitude, si l'on veut, d'allonger leurs pas, tandis que les membres antérieurs raccourciront les leurs : la colonne vertébrale, arbre de couche de toute la machine, se fortifiera progressivement ; sa portion médiane, les reins, prendront peu à peu l'habitude d'enlever l'arrière-main, et tout cela sera fait encore une fois inconsciemment, sans que le cheval ait rien à apprendre, sans que le cavalier se trouve dans la nécessité de se renfermer en lui-même. L'un et l'autre garderont leur nature particulière, le cheval son ardeur, le cavalier sa gaîté, le travail sera vif, animé, et les résultats obtenus, rapides.

Du changement de main renversé.

Si, après avoir commencé un changement de main suivant une ligne AC par exemple (fig. 26), arrivé au point B de cette ligne, le cheval décrit une courbe ou demi-circonférence BEF pour revenir ensuite à la piste suivant la ligne ED, il aura exécuté un changement de main renversé.

Dans cette figure, composée de deux lignes droites réunies par un arc de cercle, le rayon de l'arc de cercle peut être plus ou moins grand, plus ou moins petit ou même nul. Il en résulte que le cheval, qui, suivant cette figure, est maintenu sur la marche de travers, se trouve forcé de faire tourner ses membres postérieurs autour de ses membres antérieurs pendant qu'il décrit la courbe BEF et la difficulté sera d'autant plus grande pour lui que le rayon de la courbe BEF sera plus petit.

Fig. 26.

Or ici, rien n'oblige le cavalier à décrire en B une longue courbe, il peut la rapetisser à sa volonté jusqu'à la supprimer, et par conséquent tourner sur les membres antérieurs, pour revenir ensuite à la piste suivant la ligne FD se confondant avec AB, de telle sorte qu'en réalité sur cette figure, le cavalier a la possibilité, le moyen de faire travailler les membres postérieurs moins ou plus, suivant le degré de souplesse de son cheval, pour arriver enfin à le faire tourner sur les membres antérieurs, ceux-ci étant immobiles ou à peu près.

Et lorsque par cette gymnastique progressive les hanches du cheval sont devenues absolument souples, celui-ci obéit machinalement à l'action de l'épaule en dedans, puis de la jambe seule ; le cavalier fait son demi-tour à un point toujours plus rapproché du point de départ A, soit en B' B'', B''', etc., jusqu'à ce que, le point B''' se confondant avec le point A, le cheval arrive à exécuter le demi-tour sur les épaules sans s'en douter.

Ici, on pourrait nous dire : « Oui, ces mouvements sont fort simples ; mais pour les exécuter suivant une progression relative aux progrès réalisés par le cheval, pour pouvoir les rapetisser à volonté, il faut travailler seul dans un manège, sous peine d'être gêné par les autres cavaliers. » C'est une erreur, ces mouvements peuvent être raccourcis tout aussi bien en troupe qu'isolément. Il suffit pour cela de partager les cavaliers en groupes de 6, de 5, 4, 3 ou 2, ou de 1, et de les faire exécuter par reprises (suivant l'expression consacrée) de 6, 4, etc., ou individuellement. Toutes ces habitudes de manège, imaginées par les bons écuyers, ont donc leur raison d'être, à nous de les appliquer avec intelligence, pour gymnastiquer nos chevaux, et non pour faire des figures plus ou moins compliquées, des cavalcades ou des carrousels.

B. — Demi-volte ordinaire.

La demi-volte commence par une demi-circonférence pour se terminer par une ligne droite. Si l'on voulait décrire une demi-volte régulière, il faudrait, après avoir, en quittant la piste, décrit une demi-circonférence dont le rayon serait des deux tiers, de la moitié ou du tiers ou du quart du manège, rejoindre la piste en suivant une ligne parallèle à la diagonale du changement de main ; de telle sorte que (fig. 27) dans la demi-volte DBC le rayon de la demi-circonférence DB est plus grand que celui de la demi-circonférence D'B', D"B", etc., dans les demi-voltes D'B'C', D"B"C", etc., etc.

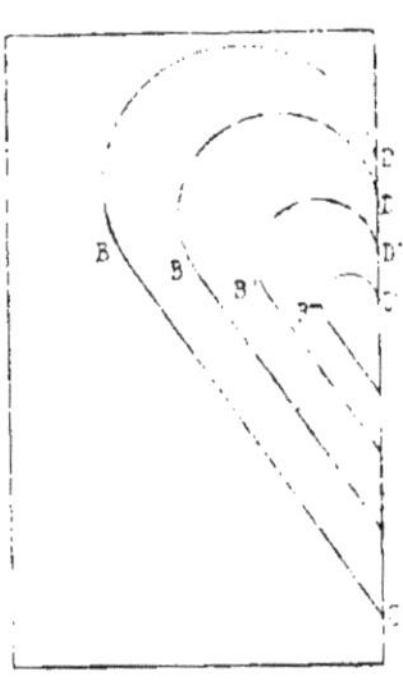

Fig. 27.

Il en résulte que le cheval qui exécute une demi-volte décrit une courbe plus ou moins accusée selon que la demi-volte atteint le quart, le tiers, la moitié ou les deux tiers de la largeur du manège.

Donc, si le cheval est maintenu de travers sur cette figure, la progression à suivre dans l'exécution de cette gymnastique, la croupe en dedans, sera de commencer par le diriger sur de grandes demi-voltes pour arriver successivement à le diriger sur des demi-voltes de plus en plus petites.

Dans ce travail, les membres antérieurs prendront progressivement l'habitude d'allonger leurs pas en se croisant, tandis que les membres postérieurs raccourciront les leurs. La colonne vertébrale se fortifiera progressivement; la partie médiane (les reins) prendra peu à peu l'habitude d'enlever l'avant-main, tandis que le cheval déplacera son poids en le portant davantage sur l'arrière-main.

Du changement de main doublé.

Si, après avoir commencé un changement de main suivant AL par exemple (fig. 28), au point B de cette ligne, le cheval décrit une demi-circonférence BEC pour regagner ensuite la piste suivant la ligne CD parallèle à AB, il a exécuté un changement de main doublé.

Dans cette figure composée de deux lignes droites réunies par une demi-circonférence, le rayon de cette courbe peut être plus ou moins grand, plus ou moins petit ou même nul.

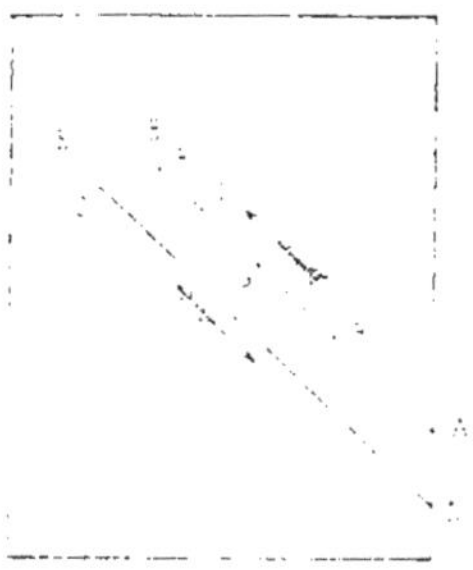

Fig. 28.

Il en résulte que le cheval qui, suivant cette figure, est maintenu sur la marche de travers, se trouve forcé, pendant qu'il décrit la courbe BEC, de faire tourner ses membres antérieurs autour de ses membres postérieurs, et que la difficulté sera d'autant plus grande pour lui que le rayon de cette courbe sera plus petit. Or, rien n'oblige le cavalier à décrire en B une longue courbe, il peut la rapetisser à volonté jusqu'à la supprimer et par conséquent faire tourner le cheval sur ses membres postérieurs pour revenir ensuite à la piste en suivant dans une direction inverse la ligne AB, de telle sorte qu'en réalité, en suivant cette figure, le cavalier a le moyen de faire travailler les membres antérieurs moins ou plus, suivant le degré de souplesse de son cheval, pour arriver enfin à les faire tourner autour des membres postérieurs, ceux-ci restant immobiles ou à peu près.

Et lorsque, par la pratique de cette gymnastique, le cheval, devenu absolument souple, obéit machinalement à l'action de l'épaule en dedans, puis à celle de la rêne seule ou presque seule, le cavalier fait son demi-tour à un point toujours plus rapproché du point de départ A, soit B′, B″ etc., jusqu'à ce que, le point B se confondant avec le point A, le cheval exécute sans s'en douter le demi-tour sur les hanches.

Nous ne répétons pas ce que nous avons dit plus haut pour indiquer comment ce travail peut être fait dans une reprise nombreuse en la divisant par groupes de plus en plus petits, et nous arrivons de suite à cette conclusion que le travail sur l'épaule en dedans, exécuté sur la ligne courbe, amène progressivement le cheval à exécuter facilement les demi-tours sur les épaules et sur les hanches.

A quel point du manège doit-on exécuter les demi-voltes renversées ou ordinaires et les changements de main renversés ou doublés?

De ce qu'il vient d'être dit, il résulte que le cheval maintenu sur ces différentes figures travaille plus ou moins selon que la courbe décrite est plus ou moins courte. Le point où commence la demi-volte ou le changement de main n'y est pour rien.

Ces figures peuvent donc se faire dans un bout du manège ou au milieu, dans son travers ou son long, dans un manège couvert ou découvert, dans un terrain limité ou dans une plaine sans fin. Le milieu dans lequel elles se font n'y est pour rien, c'est la façon dont le cheval est gymnastiqué sur la figure qui doit donner le résultat.

Aussi, trouvons-nous que les plaintes des officiers, prétendant que leur dressage est manqué parce qu'ils n'ont pu disposer suffisamment d'un manège, sont tout au moins exagérées.

Auraient-ils eu un manège à leur disposition toute l'année, qu'ils n'auraient rien produit, s'ils n'avaient songé qu'à décrire dans un lieu renfermé des figures commençant et finissant à des points déterminés. Entre ce travail ainsi compris et celui que nous venons d'expliquer, il y a toute la différence qui sépare le tireur qui prend sa leçon avec ses bottes et la main gauche sur la hanche, et celui qui n'use de la planche qu'en tenue de salle et sous un bon professeur. Le premier reste gauche, raide, se dégoûte rapidement, le second prend de la force, de l'adresse, il persévère et devient bientôt un tireur redoutable, que sa planche ait été placée au grenier ou à la cave, en plein vent ou à l'abri. Une fois pour toutes, disons donc que ce qui est indispensable, c'est le sol du manège, élastique, sur lequel le cheval mis de travers ou tournant court ne glisse pas. Partout où l'on trouve à l'extérieur un sol de cette nature, on peut gymnastiquer son cheval et arriver tout aussi bien, tout aussi vite que dans un manège à un bon résultat.

C. — Huit de chiffre.

La demi-volte renversée, selon qu'elle est faite en tournant à gauche ou à droite, fait travailler davantage le côté gauche ou le côté droit du cheval, puisque dans le premier cas les jambes gauches passent par-dessus les jambes droites et que c'est l'inverse dans le deuxième cas. Il en résulte que, pour assouplir le côté gauche, il faudra faire la demi-volte à gauche, et réciproquement, pour assouplir le côté droit, il faudra faire la demi-volte à droite. Donc, tel cheval, plus raide dans son côté gauche, devra être plus travaillé sur la demi-volte à gauche, et réciproquement, tout cheval, plus raide dans son côté droit, devra être plus travaillé sur la demi-volte à droite.

Enfin, pour assouplir alternativement le côté droit et le côté gauche, il faudra travailler le cheval successivement sur des demi-voltes à droite, puis des demi-voltes à gauche.

Pareil raisonnement s'applique à la demi-volte ordinaire.

Ainsi donc, qu'il s'agisse de l'assouplissement de l'arrière-main ou de l'avant-main, la succession des demi-voltes s'impose.

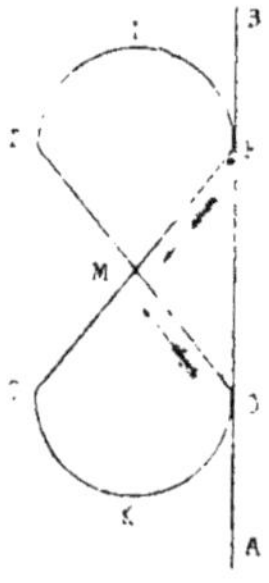

Or, supposons qu'un cheval, suivant la ligne AB (fig. 29), exécute au point O une demi-volte renversée ODIF et que, cette demi-volte terminée en F, il en décrive immédiatement une autre FGKO, la figure ainsi décrite représente un huit de chiffre.

Fig. 29.

Si le même cheval suivant la ligne AB exécutait au point F une demi-volte ordinaire FIDO et que, cette demi-volte terminée en O, il en décrive immédiatement une autre OKGF, la figure ainsi décrite est toujours le même huit de chiffre.

En résumé, ce huit de chiffre est formé de deux demi-circonférences DIF et GOK réunies par deux lignes droites GF et DO, se croisant en M. Il donne au cavalier la facilité de travailler de toutes façons le cheval qui le parcourt, qu'il s'agisse de l'avant-main ou de l'arrière-main, du côté droit ou du côté gauche.

Il est évident d'ailleurs, et nous ne le répétons que pour mémoire, que ce travail sera d'autant plus difficile que les demi-voltes seront plus resserrées, que le huit de chiffre sera plus petit; et que, la place du manège où l'on décrit cette figure n'a aucune influence sur la gymnastique que l'on fait exécuter au cheval et sur le résultat que l'on poursuit.

Dans la pratique, le huit de chiffre s'arrondit plus ou moins selon les exigences du cavalier.

D. — Serpentine.

Le huit de chiffre décrit plus haut est formé de deux demi-voltes très régulièrement faites; une telle régularité ne peut s'obtenir qu'avec un cheval parfaitement assoupli et se pliant facilement à ce travail difficile.

Dans le courant de ces exercices gymnastiques et surtout à leur début, le cavalier, dans la succession de ces demi-voltes, dirige son cheval sur des courbes plus ou moins longues ou plus ou moins fermées. Ces demi-voltes, au lieu de se couvrir, sont juxtaposées.

Ainsi, après la demi-volte A B C (fig. 30), se déroule la demi-volte DKRS, puis SOFG, etc. La figure représente la forme de la succession des anneaux d'un serpent, d'où, en terme de manège, la serpentine.

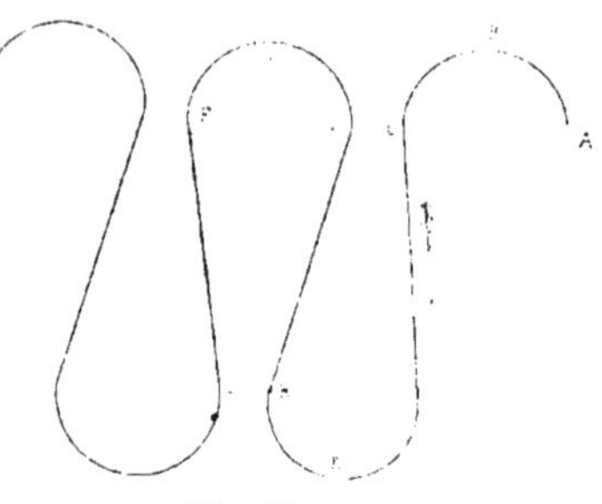

Fig. 30.

Le cheval qui suit la serpentine, décrit donc une succession de demi-voltes sur lesquelles le cavalier peut travailler à volonté le côté droit ou le côté gauche, l'avant-main ou l'arrière-main.

Ce travail peut se faire à un point quelconque du manège; dans un bout, dans sa longueur, peu importe.

Si, généralement, on la fait décrire dans la largeur, c'est qu'on se ménage ainsi plus de place avec une reprise un peu longue. Mais la question n'est pas là, elle réside entièrement dans la position que le cavalier donne à son cheval sur la serpentine, la manière dont il gymnastique ses membres.

Changements de main.

Le changement de main exécuté sur la diagonale du manège, associé à la courbe plus ou moins accusée que le cheval décrit en passant les deux coins et longeant le petit côté, n'est autre chose qu'une demi-volte.

Libre alors au cavalier, pendant qu'il décrit la

courbe, de travailler plus ou moins les membres postérieurs ou les membres antérieurs du cheval, pour le pousser ensuite franchement dans le mouvement en avant pendant qu'il parcourt la diagonale.

Dans une succession de changements de main ainsi exécutés, la grande distance qui sépare les deux courbes prises en sens opposé, permet au cavalier de pousser son cheval vivement dans le mouvement en avant sur la ligne droite. Le cheval, en quittant la courbe, se trouve dans les meilleures conditions pour obéir à l'action énergique des jambes, et cette action, en poussant le cheval sur la main, donne au cavalier la facilité de changer ses actions de rênes au milieu de la ligne droite, pour diriger ensuite le cheval sur la courbe opposée en tenant ses hanches plus ou moins en dehors ou en dedans.

E. — Marche circulaire.

La marche circulaire ne saurait fournir d'autres moyens d'assouplissement que ceux déjà indiqués et dont l'application s'est faite successivement sur les demi-voltes, le huit de chiffre et la serpentine. En marchant de travers sur le cercle, on fait exécuter au cheval un exercice dans lequel les membres antérieurs travaillent davantage que les membres postérieurs ou réciproquement.

Que le cheval soit soumis à cet exercice sur un cercle entier ou un demi-cercle, ou seulement le quart d'un cercle, l'exercice en lui-même ne varie pas, il dure plus ou moins longtemps et voilà tout.

La marche de travers, exécutée sur une circonférence bien régulière, est la preuve que le cheval est assoupli, mais elle ne constituera jamais qu'un moyen d'assouplissement inférieur à cette même marche exécutée sur une demi-volte, en raison de la nécessité où le cavalier se trouve de redresser son cheval pour reprendre ensuite le travail gymnastique au cas où quelque difficulté se rencontre (voir plus haut). Puis les cavaliers tombent généralement dans la faute suivante qui consiste à maintenir le cheval incliné sur la circonférence et non pas dans la direction du rayon de cette circonférence. Il en résulte que les pistes suivies par les membres antérieurs et les membres postérieurs sont presque semblables et que l'exercice gymnastique est insignifiant, d'où le résultat nul ou presque nul.

La figure 31 fait ressortir que les membres antérieurs et postérieurs du cheval AB, incliné sur la circonférence, suivent des pistes à peu près semblables, tandis que le cheval A'B', situé dans la direction du rayon, trace avec ses membres antérieurs et postérieurs des pistes d'un développement absolument différent.

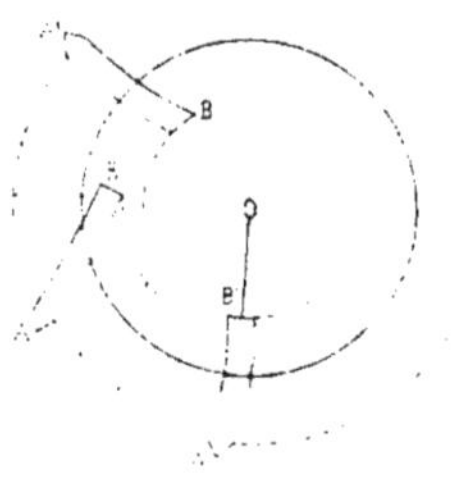

Fig. 31.

Pour ces différentes raisons, dans le travail préparatoire, nous ne travaillons pas plus nos chevaux sur l'épaule en dedans en suivant une circonférence, que nous ne le faisons en suivant la piste du manège.

Quant à la marche circulaire en elle-même, marche dans laquelle le cheval ployé sur la circonférence ne marque qu'une piste, les membres postérieurs passant par les mêmes points que les membres antérieurs, nous considérons au contraire qu'elle constitue un excellent assouplissement, véritable travail gymnastique auquel le cheval ne doit être soumis qu'après que, par le travail de deux pistes exécuté sur la ligne courbe, les membres antérieurs et les membres postérieurs auront acquis assez de souplesse pour rester à la disposition du cavalier.

C'est donc, à notre sens, le travail sur la marche circulaire, le cheval restant ployé sur la circonférence, qui termine le travail gymnastique ou travail préparatoire du cheval. Mais, pour que ce travail produise un bon résultat, il est essentiel que le cavalier s'attache à bien faire suivre à son cheval la circonférence du cercle, en l'empêchant de se jeter soit en dehors, soit en dedans.

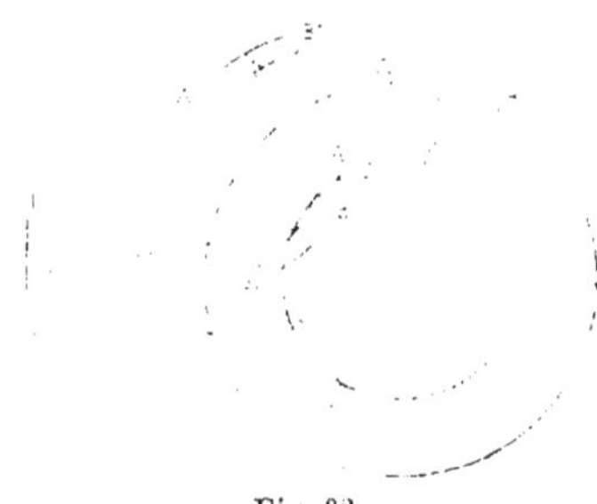

Fig. 32.

Un bon moyen de donner aux cavaliers du coup d'œil tout en leur faisant apprécier les moyens dont ils disposent pour maintenir leurs chevaux sur le cercle, consiste à faire, en appuyant, rapprocher puis écarter les chevaux du centre du cercle (fig. 32). Lorsque le cavalier parvient à exécuter régulièrement ce balancer, véritable contre-changement de main, aux allures vives, cela indique que le cheval est assoupli et que le cavalier est à même de le diriger convenablement sur la ligne circulaire.

CHAPITRE III

LE TRAVAIL PRÉPARATOIRE DOIT S'EXÉCUTER PRINCIPALEMENT A L'ALLURE DU TROT ; IL DOIT ÊTRE ENTRECOUPÉ DE REPRISES D'UN TROT HARDI ET BIEN DÉTERMINÉ

Nous avons expliqué dans le courant de cette étude que la marche de travers produit, au point de vue de l'assouplissement du cheval, des résultats d'autant meilleurs qu'elle s'exécute à une allure plus rapide ; et, faisant abstraction du galop, allure dans laquelle les membres ne se chevauchent pas lorsque le cheval marche de deux pistes, nous avons fait remarquer qu'au trot, le travail des membres se chevauchant étant plus étendu qu'au pas, c'était à cette allure qu'il fallait principalement exercer le cheval pendant le travail préparatoire.

D'autres raisons militent encore en faveur de cette opinion. Le pas étant une allure à quatre temps dans laquelle les membres posent à terre en se succédant à intervalles inégaux, il est difficile pour le cavalier de se rendre compte des irrégularités qui peuvent se produire dans le jeu des membres, le cheval marchant de travers à cette allure ; tandis que dans la marche de travers au trot, allure dans laquelle les membres posent à terre deux à deux à intervalles égaux, le cavalier le plus inexpérimenté peut saisir l'irrégularité la plus faible qui viendrait à se produire dans ce travail et y remédier.

De plus, comme la marche de travers est d'autant plus facile pour le cheval qu'elle s'exécute plus lentement, il en résulte que, pendant cet exercice, le cheval cherche toujours à ralentir : si le cavalier, marchant au pas, ne s'apercevait pas de ce ralentissement et n'empêchait pas le cheval de céder à cette tendance naturelle, celui-ci pourrait se mettre en arrière de la main et devenir froid à la jambe.

C'est pour obvier à cet inconvénient qu'on doit recommander au cavalier d'alterner la marche de travers avec la marche sur la ligne droite et de profiter de celle-ci pour pousser le cheval franchement en avant dans l'éperon. Or, au pas l'accélération de l'allure est toujours une chose délicate ; non seulement le cavalier se trouve dans l'obligation de rendre beaucoup de la main pour permettre à l'encolure de s'allonger, mais encore l'action de ses jambes doit être très limitée sous peine de voir le cheval trottiner, d'autant qu'au début il n'est pas encore soumis à l'action de la jambe, d'où comme résultat un contact incertain de la bouche du cheval sur le mors, une encolure flottante, une démarche hésitante jointe à des à-coups continuels produits par les pressions mal assurées des jambes.

Au trot, au contraire, non seulement il est facile au cavalier de maintenir constamment son cheval à une allure soutenue pendant la marche de deux pistes, mais encore entre deux reprises de cet exercice, il lui est loisible de pousser son cheval à un trot décidé, plus ou moins allongé, de le mettre franchement dans l'éperon sans avoir à craindre des à-coups résultant d'une pression maladroite des jambes ou d'un appui incertain de la main.

Lorsque ce travail préparatoire aura été judicieusement exécuté; le cavalier sera maître de porter son cheval en avant à la pression des jambes, de le faire reculer à la traction des rênes, de ranger à volonté les épaules ou les hanches; il pourra donc lui faire exécuter librement et facilement tous les mouvements possibles à toutes les allures, puisqu'ils dérivent tous de ces quatre actions élémentaires; il ne reste plus qu'à bien utiliser toutes les qualités de souplesse et de forces gagnées par le cheval au travail préparatoire, en un mot, il ne reste plus qu'à conduire le cheval.

CHAPITRE IV

DU RECULER

L'enchaînement des exercices précédents ne nous a pas permis de parler du recul. Il ne faudrait pas pour cela en conclure que ce mouvement ne doit être demandé au cheval qu'à la fin du travail préparatoire. Loin de là, le recul constitue un exercice d'assouplissement excellent pour la colonne vertébrale et les membres, et l'on doit y soumettre le cheval aussitôt que possible.

Pour se rendre compte du moment où, dans le travail préparatoire, il est rationnel de faire reculer le cheval, il suffit de rechercher comment on peut forcer à reculer un cheval qui éprouve de la difficulté à exécuter ce mouvement.

Le décret du 31 mars 1882 l'indique, au 4e paragraphe du n° 224; dans les termes suivants : « Si le cheval résiste au reculer, faire quelques pas en avant, ou fermer une jambe pour déplacer les hanches : profiter de ce déplacement pour reprendre l'action de la main. » Ainsi, pour faire reculer un cheval qui éprouve de la difficulté à marcher en arrière, il faut déplacer les hanches et profiter de ce déplacement pour agir sur les rênes.

Ce moyen découle de la position que le cheval prend

pour ne pas reculer, pour résister aux exigences de son cavalier et se soustraire à un exercice qui lui fait mal.

Il se campe sur son arrière-main, contracte sa colonne vertébrale et, la tête généralement haute, résiste alors à l'action des rênes.

Si, avant de déplacer les hanches, le cavalier augmentait la traction des rênes, il s'exposerait, en provoquant l'enlever de l'avant-main, à la cabrade, à renverser le cheval qui, par la position élevée de sa tête et la fausse courbure de la colonne vertébrale, se trouve dans l'impossibilité de conserver son équilibre sur les membres postérieurs. Si, au contraire, le cavalier parvient à déplacer les hanches, il peut alors agir sur les rênes sans danger de provoquer la cabrade, par cela même que, les hanches étant en mouvement, le cheval ne peut plus prendre son appui sur elles et se camper sur l'arrière-main. Or, pour déplacer les hanches, le cavalier dispose de trois moyens :

1° Porter le cheval en avant ;

2° Fermer une jambe ;

3° Ouvrir une rêne, puis tirer sur cette rêne, ce qui s'appelle : *opposer les épaules aux hanches.* Avec le dernier moyen, en opposant les épaules aux hanches, le cavalier est certain de réussir avec tous les chevaux et dans toutes les circonstances ; d'autant que non seulement cette *opposition des épaules* jette indubitablement les hanches de l'autre côté, mais encore que la traction de la rêne devant se faire le plus bas possible, pour agir plus sûrement sur les hanches, cette traction a en même temps l'avantage de baisser la tête du cheval et, par conséquent, de donner à la colonne vertébrale le pli de haut en bas, nécessaire pour permettre le recul.

Le deuxième moyen ne peut réussir que si le cheval est obéissant à la jambe, alors la pression de la jambe déplacera bien l'arrière-main, mais elle n'aura aucune action sur la position de la tête qui, si elle est haute, formera par là même un obstacle au recul.

Enfin, le premier moyen ne changera rien à la position de la tête du cheval non dressé, et, lorsqu'après avoir marché quelques pas le cavalier agira de nouveau sur les rênes, il aura à lutter contre le même obstacle, provenant d'une disposition contraire de la colonne vertébrale.

Et si le décret du 31 mai 1882 l'indique, c'est qu'il s'agit ici d'un cheval dressé, obéissant à l'action des jambes, qui, se trouvant momentanément placé dans une fausse position contraire au recul, pourra, en faisant quelques pas en avant, sous la double action des rênes et des jambes, changer son équilibre et prendre une position plus favorable à ce mouvement.

Il résulte de cette explication que le reculer pourra se demander à tous les moments du travail préparatoire, au commencement comme au milieu et à la fin, seulement que le cavalier devra, pour l'obtenir, se servir de l'un ou de l'autre des moyens indiqués plus haut, selon le degré de souplesse de son cheval.

Ici, comme toujours, il y a la question d'à-propos qui ressortira davantage encore si l'on veut bien réfléchir que le cheval qui résiste au recul peut se camper sur son arrière-main de trois manières différentes :

Ou bien sur les deux hanches également ;

Ou bien sur la hanche droite ;

Ou bien sur la hanche gauche.

Si le cheval est campé sur les deux hanches, pour les déplacer, le cavalier aura recours indifféremment à l'opposition de la rêne droite ou de la rêne gauche.

Si le cheval est campé sur la hanche droite, il se servira de l'opposition de la rêne droite, et réciproquement si le cheval est campé sur la hanche gauche.

Et enfin si le cheval, campé d'abord sur la hanche droite, se campe sur la hanche gauche après un premier déplacement des hanches, et ainsi de suite, le cavalier se servira alternativement de l'opposition de la rêne droite et de l'opposition de la rêne gauche.

Nous préconisons d'une façon toute particulière ce moyen pour obtenir le recul, car, indépendamment du succès toujours assuré, il a de plus l'avantage de ne pas rendre le cheval froid à la jambe ou de ne pas exaspérer les chevaux irritables par la pression des jambes, qu'ils ont souvent tant de peine à supporter.

CHAPITRE V

MOYENS A EMPLOYER POUR ANNULER LES DÉFENSES QUI SE PRODUISENT AU MONTOIR OU PENDANT LE TRAVAIL

Les principes de la conduite du cheval feront l'objet de la deuxième partie de cette étude.

Avant de l'entreprendre, il nous semble utile d'indiquer rapidement comment on doit chercher à empêcher le cheval en dressage de ruer ou de se cabrer. Ces défenses peuvent se produire au montoir ou pendant le courant du travail.

Quand elles se produisent au montoir, il faut alors faire exécuter au cheval, avant de l'enfourcher, quelques pirouettes plus ou moins régulières autour des épaules, s'aidant au besoin de la cravache pour ranger les hanches à droite et à gauche.

Ce moyen suffit généralement pour détendre les reins et rendre le cheval docile au montoir, ou du moins assez calme pour que le cavalier l'enfourche sans appréhension. Quand il ne suffit pas, il faut que l'aide qui tient le cheval continue à le faire tourner en lui faisant ranger les hanches pendant que le cavalier saute à cheval. Pendant que le cavalier se met en selle, l'aide continue ainsi à faire tourner le cheval, jusqu'à ce qu'il parvienne à lui faire exécuter quelques pas en avant, la tête toujours tenue de manière à empêcher la défense, c'est-à-dire basse si le cheval veut pointer, et haute s'il veut ruer.

Quand ce mouvement est fait sous la direction d'un aide habile, il est rare qu'il ne réussisse pas, à condition toutefois de ne pas perdre de vue que c'est la tête qui joue toujours le plus grand rôle ; c'est elle qui, habilement manœuvrée, mobilise les hanches sans effort et rend impossible toute contraction du rein.

Quand ces défenses se produisent dans le travail, il faut, pour empêcher la cabrade, penser avant tout à mobiliser l'arrière-main. Si le cheval est déjà obéissant à la jambe, il faut donc le pousser en avant, sinon il faut ranger les hanches par des oppositions de tête, exécutées de manière à ne pas produire d'action rétrograde sur l'arrière-main. La rêne droite ouverte, le poignet très bas et vers la droite, en évitant soigneusement de le tirer en arrière, range les hanches à gauche et réciproquement. Le cavalier profite de ces déplacements de hanches pour obtenir le mouvement en avant par des appels de langue ou des attouchements de la cravache sur les épaules.

Pour empêcher la ruade, si le cheval est déjà obéissant à la jambe, il faut le pousser en avant en élevant la main et ouvrant la rêne du côté où le cheval veut ruer. Sinon, il faut tirer cette rêne en avant et du côté opposé de manière à entraîner la masse par le mouvement des épaules et profiter de ce mouvement pour pousser le cheval en avant.

TRAVAIL A LA LONGE

Le travail à la longe constitue pour le cheval un véritable exercice d'assouplissement, soit qu'il soit trop faible ou trop jeune pour être monté, soit que le cavalier désire laisser un cheval un peu vert se détendre avant de l'enfourcher, soit que, n'ayant pas le temps de le monter momentanément, il se propose simplement de lui laisser dépenser ses forces. Quelques conseils relatifs à sa facile exécution trouveront donc leur place dans la première partie de notre étude.

Rappelons d'abord que, pour faire courir un cheval en liberté, qu'il soit dans un manège circulaire, dans un manège rectangulaire, ou dans un terrain plus étendu, une cour de quartier par exemple, il suffit de se placer derrière lui en agitant les bras, en frappant sur sa botte, en faisant un geste quelconque qui effraie le cheval, ou du bruit qui l'excite, tandis que pour l'arrêter, ou tout au moins pour lui faire changer sa direction, il suffit de se placer sur son passage en gesticulant ou en faisant du bruit pour attirer son attention.

Or, que le cheval soit maintenu par une longe ou qu'il soit libre, la position de l'instructeur par rapport à lui produira le même résultat. Avant de l'exciter sur la circonférence et pour le déterminer à courir sur cette ligne, il devra donc se placer derrière lui.

Pour le ralentir ou pour l'arrêter, il devra se placer devant lui.

Pour régler son allure, le modérer ou l'exciter à volonté, il devra prendre une position intermédiaire, se

portant en avant si son cheval se laisse emporter par une fougue excessive, ou en arrière s'il est froid et paresseux.

Quelle que soit d'ailleurs la position de l'instructeur par rapport au cheval, qu'il soit en avant ou en arrière, la chambrière a surtout pour but d'attirer l'attention de l'animal, elle complète le geste fait dans cette intention.

Ce principe bien simple, relatif à la position de l'instructeur, est d'ailleurs indiqué dans le décret du 31 mai 1882, au 6e paragraphe du travail à la longe, dans les termes suivants :

« Si le cheval s'arrête, on se sert de la chambrière pour le stimuler, au besoin l'aide va se placer derrière lui pour le déterminer à se porter en avant. » Cependant, il est bien rare qu'on le voie appliquer par nos instructeurs militaires, qui, la plupart du temps, ne tiennent aucun compte de la position qu'ils occupent par rapport au cheval maintenu à la longe, d'où des difficultés, des désordres qui leur font supposer que cet exercice demande un dressage plus ou moins long.

Citons quelques exemples : 1° Un cheval trop gai surexcité outre mesure ne veut plus s'arrêter, ou bien un cavalier de recrue qui prend ses premières leçons est fatigué, si l'on continue, il va tomber, ou encore un cavalier qui voltige manque son coup, il ne peut se raccrocher. Dans l'un ou l'autre cas, il faut arrêter le cheval, mais sans un à-coup qui ruinerait les membres du jeune cheval, lancerait à terre le cavalier de recrue et ferait perdre l'équilibre au voltigeur. L'instructeur s'arrête alors pour tirer sur la longe avec son aide et, sans s'en apercevoir, se trouve ainsi en arrière du cheval. Par sa position même, il l'excite davantage sans s'en douter; il a alors recours aux saccades de la longe qui produisent tous les inconvénients qu'il voulait éviter. 2° L'instructeur veut faire passer du trot au galop un jeune cheval qu'il exerce, ou encore, il prescrit à un cavalier qu'il instruit de fermer les jambes pour faire prendre le trot à son cheval, ou il veut empêcher un cheval fatigué de s'arrêter au moment où le voltigeur touchera terre pour s'élancer de nouveau à cheval.

Dans le premier cas, il veut obtenir un changement d'allure sagement, dans le deuxième, au moment précis où le cavalier ferme les jambes, et dans le troisième entretenir l'allure du cheval pour ne pas déranger le voltigeur.

Dans cette intention, l'instructeur, continuant à marcher, se trouve, sans s'en apercevoir, en avant du cheval; par sa position même, il l'empêche de prendre une allure plus rapide et provoque l'arrêt qu'il veut empêcher; il a alors recours à la chambrière pour corriger la faute, mais il est trop tard, le cheval s'est arrêté, puis il repart ou change l'allure en bondissant.

Nous pourrions citer maints autres exemples, où naissent des difficultés de toutes sortes; pour y obvier, on prend un aide et même deux, on construit des fortins circulaires dans les cours, on s'en donne à cœur joie de la chambrière, on use avec rage des saccades de longe; en désespoir de cause, on se sert de brides à œillères, on amène au tourniquet les malheureux animaux soumis à ce barbare exercice ; finalement, malgré tout ce mal, tout ce bruit, tout ce monde, on n'arrive à rien. Les chevaux ne sont pas réglés dans leurs allures, ils galopent faux, désunis, partent par à-coups, s'arrêtent mal à propos. Les cavaliers forcés de prendre leurs premières leçons ou de faire de la voltige dans de semblables conditions, en sortent dégoûtés et effrayés, bienheureux quand ils ne se brisent pas quelques os, ou ne se luxent pas quelque articulation; et les instructeurs ne sont pas éloignés de croire que les résultats problématiques que les cavaliers retirent de cette leçon de la longe sont inutiles, qu'ils ne compensent pas le danger qu'ils y courent ; et cet exercice, très utile pour les cavaliers et pour les chevaux, n'est négligé que faute de savoir s'y prendre.

Le travail à la longe peut se diviser ainsi qu'il suit :

1° Déterminer le cheval sur le cercle et l'arrêter;

2° Changer d'allure, accélérer et ralentir l'allure sur le cercle;

3° Éloigner ou rapprocher le cheval du centre du cercle ;

4° Tenir le cheval droit sur le cercle;

5° Lui faire changer de cercle.

1° Déterminer le cheval sur le cercle.

Pour déterminer le cheval sur le cercle, l'instructeur tenant la longe pliée dans la main gauche de manière à ce que les anneaux puissent facilement se déplier et laisser ainsi au cheval la liberté de s'échapper, ayant la chambrière dans la main droite, passe derrière le cheval, lui montre au besoin la chambrière derrière la croupe, et même la touche de la mèche; le cheval fuit à l'instant; il restera à rendre de la longe et à suivre le cheval en se maintenant à hauteur de sa croupe ou même en arrière.

Pour arrêter le cheval lancé sur le cercle, l'instructeur, quittant la position qu'il occupe en arrière, se porte en appuyant à gauche à hauteur des épaules du cheval et même en avant, prenant ses mesures de manière à occuper cette nouvelle position au moment où le cheval va longer un des murs du manège. Le cheval rencontrant l'instructeur sur son passage s'arrête alors avec autant de facilité qu'il s'est déterminé quelques instants auparavant sur la ligne courbe. Au besoin, l'instructeur lève la chambrière pour empêcher le cheval de passer. On s'y prend de la même façon pour mettre le cheval en cercle à droite, et après quelques répétitions de cet exercice, le cheval part et s'arrête sur le cercle sans aucune difficulté, l'instructeur changeant à peine sa position. Il s'aide, bien entendu, des appels de langue pour déterminer le cheval en avant et du mot: *Holà !* prononcé dans les notes graves de la voix pour l'arrêter: la chambrière a trouvé son emploi, aussi bien pour pousser le cheval en avant que pour l'arrêter.

2° Changer l'allure : accélérer et ralentir l'allure sur le cercle.

Le cheval étant bien déterminé sur le cercle, et tout à fait dans le mouvement en avant, les changements d'allure, les accélérations et ralentissements d'allure s'obtiennent par des procédés analogues, auxquels vient s'ajouter l'emploi de la chambrière et de la longe.

Veut-il passer du pas au trot, du trot au galop ou allonger l'allure, l'instructeur, se tenant plus ou moins en arrière du cheval, fait quelques pas rapides vers la croupe, s'aidant dans ce mouvement du geste, du sifflement, ou de l'attaque de la chambrière et des appels de langue. Veut-il, au contraire, passer du galop au trot, du trot au pas, ou ralentir l'allure, l'instructeur se tient plus ou moins en avant du cheval en dissimulant sa chambrière, il emploie en même temps les notes graves de la voix et s'aide au besoin des oscillations et des saccades de la longe, ayant soin, avant de redoubler l'oscillation, que la première soit arrivée au caveçon et de ne donner les saccades que la longe toujours tendue. Les oscillations doivent se donner horizontalement de droite à gauche, et les saccades, verticalement de haut en bas.

3° Éloigner ou rapprocher le cheval du centre du cercle.

Pour l'éloigner, l'instructeur se porte vers le cheval en montrant la chambrière et rendant de la longe en se maintenant en arrière du cheval.

4° Tenir le cheval droit sur le cercle.

Il est essentiel que l'instructeur soit maître d'éloigner ou de rapprocher les épaules et les hanches du cheval, non seulement pour maintenir le cheval droit sur le cercle, mais encore pour lui faire prendre le galop sur tel ou tel pied ou, au contraire, le forcer à se livrer au trot sans s'enlever au galop. Pour éloigner les épaules, il se porte en montrant la chambrière et rendant de la longe vers les épaules du cheval. Pour les rapprocher, il raccourcit la longe, et, amenant ainsi les épaules en dedans, se tient à hauteur des hanches en montrant la chambrière derrière la croupe.

5° Faire changer le cercle.

L'instructeur tire la tête du cheval à lui au moyen de la longe, se porte en même temps en avant du cheval, et dès que celui-ci se tourne vers le centre du cercle, il marche vers le côté extérieur du cheval en lui montrant la chambrière en arrière et rendant de la longe.

Supposons que le cheval marche en cercle à gauche, l'instructeur tire le cheval vers le centre du cercle, et dès que celui-ci a obéi à cette action de la longe, se mettant de travers sur le cercle, la tête vers le centre, l'instructeur marche vers le côté droit du cheval, dans la direction de la croupe en rendant de la longe et montrant la chambrière. Tous ces mouvements s'obtiennent avec une facilité extrême, à condition toutefois que l'instructeur soit constamment préoccupé de la position qu'il occupe par rapport au cheval. Obligé de se porter constamment soit en arrière, soit en avant du cheval, de marcher vers lui ou de s'en éloigner, il doit évidemment être libre de ses mouvements. Il ne saurait y arriver qu'à condition d'agir absolument seul, il n'a besoin d'aucun aide, celui-ci, au lieu de lui porter secours, ne peut que le gêner en entravant ses propres mouvements.

Ainsi donnée, la leçon de la longe n'engendrera plus aucune difficulté, le cheval s'y soumettra d'autant plus volontiers qu'il ne saurait résister aux exigences de l'instructeur. Les changements d'allure, les accélérations et les ralentissements, les changements de cercle s'exécuteront librement, à condition toutefois que le caveçon soit bien ajusté, c'est-à-dire que non seulement ses montants soient bien maintenus par une fausse sous-gorge pour qu'ils ne puissent toucher l'œil du côté du dehors, mais encore que la muserolle soit suffisamment serrée pour que le caveçon ne puisse ballotter pendant la marche sur le chanfrein du cheval et lui infliger ainsi une correction continuelle.

DE LA CONDUITE DU CHEVAL

DES AIDES

Le cavalier dirige son cheval, le conduit, règle ses allures au moyen de ses rênes et de ses jambes. Le poids de son corps a également une grande influence sur la conduite du cheval.

Pour que le cavalier puisse se servir de ses rênes, de ses jambes et du poids de son corps avec justesse, il est indispensable qu'il se rende parfaitement compte de la manière dont il peut agir sur son cheval avec ces différents moyens. Il faut, en un mot, qu'il connaisse le mode d'action des rênes, des jambes et du poids de son corps.

MODE D'ACTION DES RÊNES

Pour bien comprendre l'action ou les actions combinées des deux rênes, il faut d'abord étudier les différentes actions produites par chaque rêne considérée isolément.

L'action produite par chaque rêne varie en raison de la direction vers laquelle elle est tirée par le cavalier.

Un homme à pied, placé à côté d'un cheval et tenant une rêne d'une main, la droite par exemple, peut la tirer dans toutes les directions imaginables, en avant, en arrière, à droite, à gauche, en haut, en bas, etc. ; rien ne le gêne.

Le cavalier à cheval n'est plus aussi libre de ses mouvements : s'il s'agit de la rêne droite par exemple, il pourra la tirer : 1° vers la droite, plus ou moins en avant, plus ou moins en arrière, plus ou moins haut ; plus ou moins bas ; 2° vers la gauche, plus ou moins en avant, ou plus ou moins en arrière, plus ou moins haut ; mais il ne pourra pas la tirer en avant, il faudrait être à pied pour cela, pas plus qu'il ne pourra la tirer en bas vers la gauche, il faudrait pour cela supprimer l'encolure du cheval.

Les directions de la traction de la rêne droite sont limitées entre :

1° Une direction extrême en avant et à droite ;

2° Une direction extrême en arrière et à droite — ces deux directions plus ou moins élevées ;

3° Une direction extrême en avant et à gauche ;

4° Une direction extrême en arrière et à gauche.

Entre ces quatres directions, il en existe d'autres à l'infini qui dérivent d'elles : leurs actions sont semblables, mais elles n'ont pas la même valeur. Elles constituent donc comme un immense clavier dont il faut savoir jouer avec justesse pour produire à propos l'action nécessaire à la conduite du cheval.

Vouloir détailler l'action produite par chaque direction différente serait impossible, cela ne servirait à rien ; il suffira de se rendre compte de l'action produite par la traction opérée suivant une des quatre directions extrêmes :

1° La rêne droite, tirée à droite et en avant, amène le bout du nez du cheval légèrement à droite ; la tête suit, l'encolure s'infléchit à droite, son poids repose légèrement sur l'épaule droite.

Si le cheval est en marche, tout le corps suit avec une grande facilité la direction prise par la tête et l'encolure, puisque le poids de celle-ci, reposant davantage sur l'épaule droite, amène l'avant-main du côté où l'équilibre est rompu.

Si le cheval est arrêté, l'infléchissement de l'encolure étant trop faible pour produire le mouvement de l'avant-main vers la droite, le cheval reste immobile ;

2° La rêne droite, tirée à droite et en arrière, amène le bout du nez du cheval à droite, puis en arrière ; la tête suit, l'encolure se courbe fortement à droite, son poids vient porter complètement sur l'épaule droite, la colonne vertébrale se courbe tout entière.

Il en résulte que :

Si le cheval est en marche, les épaules sont entraînées à droite et que les hanches sont rejetées vers la gauche plus ou moins violemment.

Le cheval tourne donc à droite plus ou moins court, parce que les épaules tombent à droite et que les hanches vont à gauche.

Si le cheval est arrêté, il tourne sur place à droite, parce que non seulement l'épaule droite, fortement surchargée, est obligée de se porter à droite, mais encore parce que la colonne vertébrale ne peut supporter un pli aussi marqué, parce que la tête et la queue ne peuvent rester à la même place.

Dans ces deux cas, rêne droite tirée à droite et en avant, rêne droite tirée à droite et en arrière, le cheval tourne à droite prenant la direction tracée par la rêne.

La rêne a donc agi *directement*. Dans le premier cas, elle n'a produit aucune action sensible sur l'arrière-main ; le bras en *s'ouvrant* vers la droite a, par l'entremise de la rêne, amené la tête de ce côté : la rêne a donc agi *directement et par ouverture*.

Dans le deuxième cas, en amenant la tête, l'encolure et les épaules du côté des hanches, elle a rejeté celles-ci du côté opposé : la tête, l'encolure, les épaules ont déplacé les hanches en leur faisant *opposition :* la rêne a donc agi *directement et par opposition*.

J'insiste sur ces expressions, qui doivent être familières au cavalier.

La rêne droite tirée vers la droite fait tourner le cheval directement à droite.

Cette rêne directe est dite d'ouverture quand elle est tirée vers la droite et en avant.

Cette rêne directe est dite d'opposition quand elle est tirée vers la droite et en arrière.

Nota. — Pour pouvoir ouvrir le bras complètement et facilement, il faut tourner la main, les ongles en dessus ; pour que l'opposition de la tête, de l'encolure et des épaules se traduise plus facilement sur les hanches, il faut tirer la rêne le plus bas possible, c'est-à-dire là où se trouvent les hanches du cheval ;

3° La rêne droite tirée à *gauche et en avant* élève le

bout du nez du cheval légèrement à droite en faisant basculer le haut de la tête à gauche, par suite l'encolure s'infléchit à gauche et son poids repose légèrement sur l'épaule gauche.

Il en résulte que :

Si le cheval est en marche, tout le corps suit avec une grande facilité la direction prise par le haut de la tête et par l'encolure, puisque le poids de celle-ci, reposant davantage sur l'épaule gauche, amène l'avant-main du côté où l'équilibre est rompu ;

Si le cheval est arrêté, l'infléchissement de l'encolure étant trop faible pour produire le mouvement de l'avant-main vers la gauche, le cheval reste immobile.

En résumé, le cheval a tourné à gauche sous l'influence de la rêne droite, c'est-à-dire sous l'influence d'une rêne qui, à première vue, doit produire le tourner à droite. La rêne droite a donc produit son action dans un sens contraire à celui qui semble naturel ; elle a agi contrairement, d'une manière contraire, à ce qui était prévu, si l'on veut, et non directement comme plus haut. Au lieu de l'appeler rêne droite directe, nous sommes autorisés à l'appeler *rêne droite contraire ;*

4° La rêne droite tirée à gauche et en arrière.

Deux cas peuvent se présenter :

a) Ou bien la direction de la rêne ainsi tirée passe en avant des épaules ;

b) Ou bien elle passe en arrière des épaules.

a) La direction de la rêne tirée à gauche et en arrière passe en avant des épaules (fig. 33).

La rêne amène le bout du nez du cheval à droite puis en arrière, la tête suit le bout du nez, l'encolure se courbe à droite.

Son poids vient porter complètement sur l'épaule gauche.

Il en résulte que :

Si le cheval est en marche, les épaules sont poussées en arrière et à gauche, tandis que les hanches sont rejetées en arrière et à droite.

Le cheval tourne à gauche plus ou moins court, parce

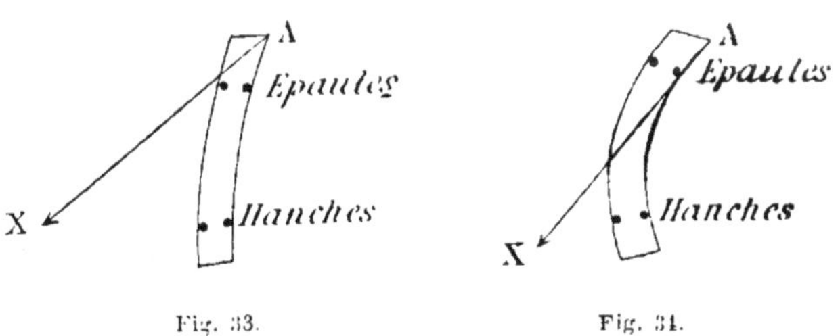

Fig. 33. Fig. 34.

que les épaules tombent à gauche et que les hanches vont à droite ;

Si le cheval est arrêté, il tourne sur place à gauche, non seulement parce que l'épaule gauche, fortement surchargée, est obligée de se jeter à gauche et en arrière, mais encore parce que les hanches, cédant au mouvement des épaules qui viennent leur faire opposition, se portent vers la droite.

En résumé, le cheval a tourné à gauche sous l'influence de la rêne droite, qui non seulement produit son action dans un sens contraire à celui qui semble naturel, mais encore en opposant les épaules aux hanches, c'est-à-dire en agissant contrairement et par *opposition.*

Il est donc rationnel de donner à la rêne droite produisant ce double effet le nom de *rêne droite contraire d'opposition.*

b) La direction de la rêne tirée à gauche et en arrière passe en arrière des épaules (fig. 34).

La rêne amène le bout du nez du cheval à droite, puis en arrière; la tête suit le bout du nez, l'encolure se courbe à droite, son poids vient se porter complètement sur l'épaule gauche, la colonne vertébrale se courbe tout entière à droite.

Il en résulte que :

Si le cheval est en marche, les épaules sont rejetées vers la gauche ainsi que les hanches.

Le cheval est donc porté de toute sa masse vers la gauche, puisque les épaules tombent à gauche et que les hanches vont du même côté ;

Si le cheval est arrêté, un mouvement analogue se produit, puisque l'épaule gauche fortement surchargée est obligée de se porter à gauche et en avant en entraînant dans leur mouvement les hanches, auxquelles la tête vient faire opposition.

En résumé, le cheval s'est porté vers la gauche, sous l'influence de la rêne droite qui, non seulement a produit son action dans un sens contraire à celui qui semble naturel, mais encore en opposant la tête et les épaules aux hanches.

Il est donc rationnel de donner à la rêne droite produisant ce double effet le nom de *rêne droite contraire d'opposition.*

Ainsi, la rêne droite tirée à droite produit deux effets distincts selon qu'elle a été rêne directe d'ouverture ou rêne directe d'opposition ; tirée à gauche, elle a produit trois effets distincts selon qu'elle a été rêne contraire ou rêne contraire d'opposition.

Il y a donc en somme *cinq* effets produits par la même rêne :

Le tourner à droite par la rêne droite directe d'ouverture ;

Le tourner à droite par la rêne droite directe d'opposition ;

Le tourner à gauche par la rêne droite contraire ;

Le tourner à gauche par la rêne droite contraire d'opposition ;

La marche ou l'appui vers la gauche par la rêne droite contraire d'opposition.

Il est absolument indispensable de connaître ces cinq effets de rênes pour conduire un cheval ; il faut donc que les noms qui leur sont donnés par l'instructeur ne puissent produire aucune confusion dans l'esprit de l'élève, d'où la nécessité de ne pas parler d'une *rêne directe* et d'une *rêne opposée,* ce qui donne à entendre que la rêne directe ne peut pas agir par opposition et que la rêne opposée agit toujours par opposition.

Il nous a paru plus simple d'adopter les expressions de *rêne directe* et de *rêne contraire,* qui toutes deux peuvent agir par opposition ou sans opposition. D'où :

La rêne directe d'ouverture ;

La rêne directe d'opposition ;

La rêne contraire ;

La rêne contraire d'opposition.

Bien souvent aussi les instructeurs se servent d'une expression fausse; et, de même qu'ils ont parlé de la rêne directe d'ouverture, ils parlent de la rêne contraire d'appui, donnant ainsi à entendre que la rêne contraire produit son action non pas en raison de la direction de sa traction, mais à cause de la pression qu'elle exerce sur l'encolure. Indiquer cette faute grossière suffira pour condamner une fois pour toutes l'expression de rêne *contraire d'appui*.

Les cinq effets produits par la rêne droite sont également et en sens inverse produits par la rêne gauche, de telle sorte que, si avec la rêne droite le cavalier peut tourner à droite, à gauche, plus ou moins court et appuyer à gauche, il peut avec la rêne gauche tourner à gauche, à droite, plus ou moins court et appuyer à droite.

En instruction, la véritable manière de bien faire comprendre ces actions, c'est d'habituer chaque cavalier à conduire ainsi son cheval au pas avec une seule rêne.

Lorsque le cavalier sera parvenu à diriger convenablement son cheval avec une seule rêne et avec cette seule rêne à le faire virer convenablement à droite, à gauche, et marcher de travers vers la droite ou vers la gauche, il aura donné la meilleure preuve qu'il connaît parfaitement toutes les actions.

Nota. — Il est entendu que cette instruction doit se donner sur des chevaux qui cèdent à l'action de la rêne. Si, en effet, le cheval s'arme contre la rêne en résistant à sa traction et par conséquent tirant de sa tête dans une direction opposée à celle de la traction de la rêne, l'élève ne peut en aucune façon juger de l'effet produit, puisqu'il est absolument contraire à celui qu'il attend.

L'exemple le plus frappant qu'on puisse en donner est celui du cheval qui résiste à l'action de la rêne droite directe d'opposition. En luttant contre cette traction, il rejette le poids de son encolure sur l'épaule gauche, alors que toute la colonne vertébrale est courbée à droite, et dès lors il fuit vers la gauche, au lieu de tourner à droite, comme le fera le cheval qui, en cédant à l'action de cette même rêne, aurait tout le poids de son encolure courbée à droite reposant sur l'épaule droite.

Nous dirons plus tard comment le cavalier instruit détruira cette défense du cheval. Pour le moment, contentons-nous de faire remarquer qu'il n'est nullement nécessaire que le cheval, pour progresser dans une direction quelconque, regarde de ce côté, puisque dans le cas qui nous occupe il est complètement courbé à à droite, qu'il regarde par conséquent à droite, tandis que cependant il fuit vers la gauche.

De l'accord des rênes.

Nous venons d'étudier les actions produites par chaque rêne examinée isolément. Dans la pratique, en instruction, pour bien les faire comprendre au cavalier, nous l'avons mis dans l'obligation de conduire son cheval avec une seule rêne, *soit* la rêne droite en abandonnant la rêne gauche, *soit* la rêne gauche en abandonnant la rêne droite. De cette manière les actions de la rêne tenue (droite ou gauche) n'ont pas été contrariées, il est vrai, par la rêne gauche ou droite momentanément lâchée; mais celle-ci n'a pas pu venir au secours de la rêne agissante, et les actions de cette rêne ont été indécises ou trop faibles.

Il nous reste à voir comment il faut faire pour que les rênes maniées ensemble s'aident sans jamais se contrarier. Les rênes se contrarieront lorsque l'action de la rêne agissante (droite ou gauche) sera diminuée et même annihilée par la rêne gauche ou droite : *les actions des rênes sont alors en désaccord.*

Elles s'aideront lorsque l'action de la rêne agissante (droite ou gauche) sera régularisée ou même fortifiée par la rêne gauche ou droite; dans ce cas, *les rênes s'accorderont : elles seront d'accord.*

Étudions donc comment le cavalier tenant une rêne dans chaque main et produisant successivement avec la rêne droite ou gauche les cinq effets indiqués ci-dessus, devra agir avec la rêne gauche ou droite afin de ne pas contrarier la première, mais au contraire de régulariser l'effet produit par elle et même, dans certains cas, de l'augmenter :

1° La rêne droite directe d'ouverture donne la direction vers la droite, parce qu'elle amène le bout du nez du cheval à droite, puis la tête et un peu l'encolure.

2° La rêne droite directe d'opposition produit le tourner à droite, parce qu'elle amène le bout du nez du cheval à droite, puis la tête, puis l'encolure qu'elle courbe plus ou moins violemment de ce côté, en portant le poids sur l'épaule droite.

Pour que, dans ces deux cas, la tête puisse aller vers la droite ou à droite, il faut évidemment que la rêne gauche ne la sollicite pas à gauche ; il faut donc que toute traction de cette rêne cesse, sinon l'action de la rêne gauche *contrarierait* celle de la rêne droite.

Et pour que le cheval prenne bien la direction que la rêne droite veut lui donner, qu'il ne tourne pas plus court qu'elle ne le désire, ce qui arriverait si la tête du cheval se portait plus qu'il n'est nécessaire vers la droite, si par suite l'encolure se courbait trop à droite, il faut de toute nécessité que la rêne gauche règle le mouvement de la tête en limitant son inclinaison vers la droite.

En résumé, pour ne pas *contrarier* l'action de la rêne droite, la rêne gauche doit d'abord cesser toute action ; puis, pour régulariser cette action de la rêne droite, la rêne gauche doit reprendre la sienne au point exact où il est nécessaire qu'elle limite l'effet produit par la rêne droite. Tandis que la main droite, qui tient la rêne droite, se porte en avant ou en arrière, en s'ouvrant plus ou moins à droite, les ongles en dessus, la main gauche, qui tient la rêne gauche, doit se porter plus ou moins en avant et en bas de manière à permettre à la tête de céder aux sollicitations de la main droite en limitant son obéissance au point voulu.

C'est à cette condition expresse que l'accord de la rêne gauche existera avec la rêne droite directe d'ouverture ou d'opposition.

Faire comme font constamment beaucoup de cavaliers vigoureux, réputés habiles, comme grand nombre d'instructeurs laissent faire à leurs élèves, c'est-à-dire porter la main gauche à droite pendant que la main droite produit avec la rêne droite l'effet direct d'ouverture ou d'opposition, est simplement absurde, puisque la rêne gauche ainsi tirée à droite tend à amener la tête à gauche, à courber l'encolure à gauche et par conséquent à produire le contraire de ce que la rêne droite se propose de faire.

3° La rêne droite contraire donne la direction vers la gauche, parce qu'en élevant le bout du nez à droite, elle fait basculer le haut de la tête à gauche et donne le pli de l'encolure de ce côté.

Pour ne pas *contrarier* cet effet de la rêne droite en le *réglant,* la rêne gauche doit rendre d'abord, ensuite arrêter sa cession au point voulu pour que la tête entière ne se porte pas vers la droite, ce qui produirait le courber de l'encolure à droite, et par conséquent, comme résultat, soit le tourner à droite, soit le tourner à gauche plus court et même l'appui vers la gauche.

En résumé, tandis que la main droite qui tient la rêne droite se porte à gauche, en avant et en haut, la main gauche qui tient la rêne gauche doit se porter en avant et en bas, de manière à permettre au bout du nez de céder aux sollicitations de la main droite en limitant son obéissance au mouvement de bascule du haut de la tête à gauche.

4° La rêne droite contraire d'opposition produit le tourner à gauche ou la marche d'appui vers la gauche, parce qu'elle amène le bout du nez du cheval à droite, puis la tête, puis l'encolure qu'elle courbe plus ou moins fort de ce côté en portant son poids sur l'épaule gauche.

Pour ne pas *contrarier* cet effet de la rêne droite en le réglant, la rêne gauche doit rendre d'abord, puis arrêter sa cession au point voulu pour que la tête du cheval ne se porte pas plus qu'il n'est nécessaire vers la droite. Mais ce mouvement régulateur de cession de la rêne gauche ne suffit pas : il faut ensuite qu'elle soit tirée en arrière à gauche dans une direction absolument semblable à celle prise par la rêne droite, afin de contribuer, en maintenant le poids de l'encolure sur l'épaule gauche, à entraîner les épaules du cheval de ce côté.

La rêne gauche produit ici trois effets distincts par rapport à la rêne droite : 1° elle permet l'obéissance de la tête et de l'encolure à la sollicitation de la rêne droite ; 2° elle règle cette obéissance en la limitant ; 3° elle augmente l'effet produit par la rêne droite.

Tandis que la main droite qui tient la rêne droite se porte à gauche et plus ou moins en arrière, la main gauche qui tient la rêne gauche doit d'abord se porter en avant, puis tirer en arrière à gauche dans la même direction que la main droite.

Faire comme font bon nombre de cavaliers, c'est-à-dire porter les deux mains en arrière à gauche sans se préoccuper de savoir de quel côté l'encolure est tournée et sur quelle épaule son poids repose, c'est non seulement prouver qu'on ne se doute pas de la combinaison des actions des rênes, de leur accord, mais c'est surtout mettre le cheval également tiré à la fois des deux côtés dans l'impossibilité absolue de répondre à des actions qui se contrarient, autrement qu'en reculant, se cabrant ; c'est, en un mot, provoquer chez le cheval le plus soumis toutes les défenses imaginables.

En somme, et pour conclure, l'accord des rênes existera lorsque :

1° Dans le tourner à droite par les deux premiers effets de la *rêne droite directe d'ouverture ou d'opposition,* le poignet droit se portant en avant ou en arrière, en s'ouvrant plus ou moins à droite, le poignet gauche se portera en avant pour rendre de la rêne gauche jusqu'au point voulu, et inversement dans le tourner à gauche ;

2° Dans le tourner à gauche (3e effet) par la rêne droite contraire, le poignet droit se portant à gauche, en avant et en haut, le poignet gauche se portera en avant et en bas pour rendre de la rêne gauche jusqu'au point voulu ;

3° Dans le tourner à gauche ou la marche d'appui vers la gauche (4e et 5e effets) par la rêne droite contraire d'opposition, le poignet droit se portant à gauche et plus ou moins en arrière, le poignet gauche se portera d'abord en avant pour rendre de la rêne gauche jusqu'au point voulu, puis en arrière, à gauche ; et inversement dans le tourner à droite ou la marche d'appui à droite.

Dans les trois premiers effets, le mouvement du poignet gauche a pour but d'abord de permettre l'action de la rêne droite, ensuite de la régler.

Dans les deux derniers effets, il a pour but de permettre l'action de la rêne droite en la réglant, et puis de l'augmenter.

Ainsi maniées, les rênes seront d'accord. L'une d'elles sera agissante, l'autre viendra toujours régler et parfois augmenter l'effet de la première.

Tenue des rênes dans une main.

Nous avons d'abord étudié les cinq effets produits par une rêne agissant isolément, l'autre étant abandonnée ; et nous avons constaté que, quoiqu'il soit possible de diriger un cheval avec une seule rêne dans toutes les directions (au pas du moins), cependant les actions produites par une seule rêne sont tellement indécises ou trop faibles, qu'il est nécessaire de les régler ou de les fortifier au moyen de l'autre.

En second lieu, prenant une rêne dans chaque main, nous avons compris comment les effets produits par la rêne agissante sont réglés ou augmentés par l'autre rêne.

Voyons donc maintenant comment les rênes pourront agir lorsqu'elles seront tenues toutes deux dans une seule main, soit la main gauche.

La main gauche pourra se porter à droite et en avant, à droite et en arrière, à gauche et en avant, à gauche et en arrière.

Lorsque la main se portera à droite, la rêne gauche seule restera tendue, tandis que la rêne droite deviendra flottante ; la rêne gauche seule pourra agir ; de même lorsque la main se portera à gauche, la rêne droite sera la rêne agissante.

C'est surtout ce point qu'il importe de constater : lorsque les deux rênes sont tenues dans une seule main, que ce soit la main gauche ou la main droite, que la main soit tournée les ongles en dessus ou en dessous, inévitablement lorsque la main se portera à droite, la rêne droite se relâchera, et réciproquement la rêne gauche, lorsque la main se portera à gauche.

D'où il résulte que les deux effets produits par la rêne directe d'ouverture ou d'opposition n'existent plus ; lorsque les rênes sont tenues dans une seule main, il ne saurait plus en être question. Le cavalier n'a plus à sa disposition que les trois effets produits par la rêne contraire ou la rêne contraire d'opposition.

Portant la main *à droite et en avant,* le cheval sera dirigé à droite, rêne gauche contraire.

Portant la main *à droite et en arrière,* le cheval tournera à droite ou appuiera vers la droite, double effet de la rêne gauche contraire d'opposition, selon que la main dirigera sa traction en avant ou en arrière des épaules.

La rêne gauche agit de la même manière que si elle était seule dans la main gauche ; elle fait basculer la la tête à droite ou l'attire à gauche, donne le pli à l'encolure et porte son poids sur l'épaule droite, tandis que la rêne droite, d'abord flottante, permet au bout du nez du cheval, puis à la tête, puis à l'encolure d'obéir à la sollicitation de la rêne gauche, jusqu'au moment où elle se tend à son tour et vient naturellement, automatiquement, régler l'action de la rêne gauche, et même la fortifier, lorsque la main, après s'être portée à droite, tire la rêne gauche en arrière.

Réciproquement, en portant la main à gauche, le cheval est dirigé à gauche, tourne à gauche ou appuie vers la gauche sous l'influence de la rêne droite contraire ou contraire d'opposition, dont l'effet est automatiquement réglé, puis fortifié par la rêne gauche.

En somme, lorsque le cavalier tient les deux rênes dans une main, il ne peut plus diriger son cheval que par les rênes contraires ; il n'a plus à sa disposition les effets directs.

C'est une erreur de croire que la tenue des rênes dans une seule main est particulière aux rênes attachées à un mors de bride. Sans doute les effets produits par les rênes peuvent varier d'intensité, selon qu'elles sont attachées à un mors de bridon ou à un mors de bride ; mais ils dépendent toujours de la direction donnée à la traction de la rêne. Que ce soit avec un mors de bridon, de filet, de pelhemme ou de bride, etc., si les rênes sont séparées, le cavalier pourra produire avec chaque rêne les deux effets directs et les trois effets contraires ; mais du moment qu'elles seront tenues dans une main, il ne pourra plus produire que les trois effets contraires.

Nota. — L'emploi de la martingale enlève au cavalier la possibilité de se servir de ses rênes directes, ou du moins, s'il peut encore agir un peu des rênes directes d'ouverture, il lui est tout à fait impossible de se servir des rênes directes d'opposition. On ne comprend donc pas son emploi tant que le cheval ne saurait être conduit avec les rênes contraires seulement, quoique cet instrument puisse contribuer à faire baisser la tête du cheval.

S'il est vrai qu'avec un mors dont les actions sont plus puissantes, plus dures, il faudra employer moins de force pour conduire le cheval, qu'une seule main doit suffire, il n'est pas moins vrai qu'un cheval obéissant à un mors de filet se conduira plus facilement avec une seule main, que ne saurait le faire un cheval pesant à la main, même avec un mors de bride des plus durs.

Il n'y a donc pas une manière de tenir les rênes avec un mors de bridon ou de filet, puis une autre manière avec un mors de bride ; mais bien, quel que soit le mors (filet ou bride), deux manières de tenir les rênes *séparées ou réunies,* qu'il faut savoir employer selon le degré d'instruction du cavalier et de dressage du cheval.

Sans attendre que le cheval soit bridé, il importe que l'élève soit familiarisé avec la tenue des rênes dans une main, qu'il en étudie les effets : de même, le dressage du cheval doit être dirigé de telle sorte qu'il soit facile à manier avec les rênes tenues dans une main, puisqu'il est indispensable que le cavalier militaire dispose d'une main pour se servir de ses armes.

Or, s'il est possible de se passer de l'action des jambes pour conduire un cheval avec les rênes séparées, il est très difficile, pour ne pas dire impossible, de le conduire avec les rênes tenues dans une main, sans avoir recours à leur action : nous arrivons donc naturellement à en étudier le mode.

MODE D'ACTION DES JAMBES

Dans l'étude de l'action des jambes, procédant de la même manière que pour l'étude des effets des rênes, nous nous occuperons d'abord de l'effet produit par chaque jambe considérée isolément, puis des effets produits par les deux jambes agissant ensemble, ensuite nous expliquerons comment on doit se servir des rênes et des jambes maniées ensemble pour que leurs effets s'accordent et se fortifient sans jamais se contrarier.

Action produite par une jambe agissant isolément.

La jambe agit sur le flanc du cheval par sa pression; son action est d'autant plus forte que sa pression est plus accusée ou qu'elle se produit plus en arrière. Par suite d'exercices qui ont été développés dans la brochure (*Dressage du cheval*), le cheval a pris l'habitude, sous l'influence de la pression de la jambe du cavalier, de porter ses hanches de l'autre côté, de ranger ses hanches. Ainsi, la pression de la jambe droite fait ranger les hanches à gauche ; la pression de la jambe gauche fait ranger les hanches à droite.

Plus la jambe se porte en arrière, vers la queue, en se rapprochant des hanches, plus celles-ci sont sensibles à son action, plus elles se rangent rapidement.

Accord des jambes.

Mais cette obéissance à la pression de la jambe droite ne se produira que si la jambe gauche le permet, c'est-à-dire si elle est relâchée; toutefois, pour que le mouvement des hanches ne dépasse pas le point exact où le cavalier veut les amener, il faut de toute nécessité qu'elles soient arrêtées à ce point par la pression de la jambe gauche, et pour que ce mouvement des hanches ne soit pas trop précipité, il faut encore que la jambe gauche en règle la vitesse.

Nous voyons donc que si la jambe gauche doit permettre l'obéissance des hanches à la pression de la jambe droite et réciproquement, elle doit régler et limiter cette obéissance, d'où la nécessité pour les jambes de savoir s'accorder, d'*être d'accord*.

Accord des rênes et des jambes.

La pression des jambes a encore pour résultat de porter le cheval en avant, de produire le mouvement que les rênes doivent diriger ; de même les tractions opérées par les rênes ont pour but de produire sur les hanches des effets que les jambes doivent faciliter.

Il y a donc entre les rênes et les jambes un rapport constant : les unes et les autres doivent agir de manière à ne pas se contrarier ; leurs effets doivent se combiner, se régler mutuellement, ils doivent être d'accord.

Voyons donc successivement ce que le cavalier devra faire de ses jambes lorsqu'il voudra conduire son cheval avec une rêne isolée, les rênes dans les deux mains et avec les rênes dans une main, pour que cet accord existe.

1° Rêne isolée. — Examinons la rêne droite dans ses cinq effets différents.

La *rêne droite directe d'ouverture* a pour effet d'incliner l'encolure légèrement à droite, en portant son poids sur l'épaule droite, mais sans faire opposition aux hanches : celles-ci se bornent à suivre la direction prise par les épaules.

Les jambes doivent se contenter d'entretenir le mouvement en avant, *leur pression sera égale;* s'il en était autrement, les hanches rejetées par côté ne suivraient plus la direction des épaules.

La *rêne droite directe d'opposition* a pour effet de courber l'encolure à droite, en portant son poids sur l'épaule droite pour faire opposition aux hanches et les rejeter à gauche.

La pression de la jambe droite aura sa raison d'être, puisqu'elle aura pour résultat de produire le même mouvement.

La *rêne droite contraire* a pour but, en faisant basculer la tête (le haut à gauche), d'incliner légèrement l'encolure à gauche, en portant son poids sur l'épaule gauche, mais sans faire opposition aux hanches : celles-ci se bornent à suivre la direction prise par les épaules.

Il y aura égalité dans la pression des jambes, afin d'entretenir le mouvement sans faire dévier les hanches de la direction des épaules.

La *rêne droite contraire d'opposition* (traction dirigée en avant des épaules) a pour but, en courbant l'encolure à droite, d'en porter le poids sur l'épaule gauche et de jeter les hanches à droite par l'opposition des épaules aux hanches.

Ce sera le cas d'agir de la jambe gauche pour produire sur les hanches le même effet.

La *rêne droite contraire d'opposition* (traction dirigée en arrière des épaules) a pour but, en courbant l'encolure à droite, d'en porter le poids sur l'épaule gauche et d'entraîner les hanches du même côté par l'opposition de la tête et de l'encolure aux épaules et aux hanches.

Ce sera à la jambe droite à agir à son tour, puisqu'elle a pour effet de jeter les hanches à gauche. On déduirait en sens inverse quelle est la jambe qui doit agir lorsque la rêne gauche agit isolément.

En résumé, à la rêne droite ou gauche directe d'ouverture correspond l'action égale des deux jambes ;

A la rêne droite ou gauche directe d'opposition correspond l'action de la jambe droite ou gauche ;

A la rêne droite ou gauche contraire correspond l'action égale des deux jambes ;

A la rêne droite ou gauche contraire d'opposition (4e effet) correspond l'action de la jambe gauche ou droite ;

A la rêne droite ou gauche contraire d'opposition (5e effet) correspond l'action de la jambe droite ou gauche.

2° Rênes séparées agissant ensemble :

Il n'y a absolument rien à ajouter ni à retrancher à ce qui vient d'être dit, puisque les effets de la rêne agissante sont les mêmes que lorsqu'elle est isolée, sauf qu'ils sont réglés ou fortifiés par l'autre rêne.

3° Rênes tenues dans une seule main :

Dans ce cas, chaque rêne ne peut plus produire que trois effets qui s'associent avec l'action des jambes comme il vient d'être expliqué.

En portant la main à droite et en avant (rêne contraire), la pression des deux jambes doit être égale.

En portant la main à droite et en arrière, en avant des épaules (rêne contraire d'opposition, 4e effet), c'est la jambe droite qui doit agir.

En portant la main à droite et en arrière, en arrière des épaules (rêne contraire d'opposition, 5e effet), c'est la jambe gauche qui agit à son tour, et réciproquement si l'on porte la main à gauche.

En indiquant la jambe dont l'effet doit se combiner avec l'action de la rêne agissante, nous n'avons pas voulu dire que l'autre jambe doit rester inactive ; elle devra toujours régler l'action de la première, comme il a été indiqué plus haut (accord des jambes).

DU POIDS DU CORPS

En étudiant le mode d'action des rênes, nous avons compris que, sous leur influence, le cheval tourne à droite ou à gauche, parce que le poids de l'encolure vient se porter sur l'épaule droite ou sur l'épaule gauche. Les épaules inégalement chargées se portent du côté où l'excès du poids les entraîne et leur déplacement agit ensuite sur les hanches par opposition.

Cette remarque suffit pour faire comprendre à l'élève que la répartition égale ou inégale de la masse du cheval sur les membres qui la supportent a une influence directe sur le sens du mouvement imprimé à la machine tout entière.

Lorsque le cheval est monté, la masse portée sur ses membres n'est pas constituée seulement par le poids du cheval, il faut encore y ajouter le poids du cavalier, poids considérable si l'on songe que, la moyenne étant de 75 à 85 kilogrammes, le haut du corps, qui peut s'incliner à droite ou à gauche, en avant ou en arrière, pèse en moyenne de 40 à 50 kilogrammes et peut, par ce supplément de poids, modifier, par rapport aux membres, la répartition totale des deux poids réunis (masse du cheval et poids du cavalier).

Si, par exemple, le poids de l'encolure attiré à droite par une rêne vient se porter sur l'épaule droite et que le cavalier, se penchant en même temps en avant et à gauche, vienne peser de son poids sur l'épaule gauche, il est évident que cette action du corps du cavalier contrariera l'effet produit par la rêne, qu'elle le diminuera tout au moins, si même elle ne le neutralise pas complètement.

Réciproquement, si, au lieu de se pencher à gauche et en avant, le cavalier se penche en avant et à droite, le poids de son corps viendra augmenter l'effet produit par la rêne.

Nous pourrions démontrer d'une façon aussi évidente qu'à toute action de rêne correspond une répartition particulière de la masse du cheval en vertu de laquelle le mouvement, l'allure et la direction sont donnés, et que par ces inclinaisons le poids du corps du cavalier pourra toujours diminuer ou augmenter les effets produits par les rênes.

Le poids du corps du cavalier est donc bien réellement une aide puissante dans la conduite du cheval; il est nécessaire que le cavalier sache s'en servir à propos et d'accord avec les actions des rênes et des jambes.

Ainsi, dans la direction à droite donnée par la *rêne droite directe d'ouverture,* le haut du corps devra se pencher légèrement en avant et à droite.

Dans le tourner à droite, obtenu par la *rêne droite directe d'opposition,* l'inclinaison du corps en avant et à droite devra être plus accusée.

Dans la direction à gauche, donnée par la *rêne droite contraire,* le haut du corps devra se pencher légèrement en avant et à gauche.

Dans le tourner à gauche, obtenu par la *rêne droite contraire d'opposition,* l'inclinaison du corps en avant et à gauche devra être plus accusée.

Enfin, dans l'appui à gauche, obtenu par la *rêne droite contraire d'opposition,* le corps devra se pencher à gauche en pesant sur la fesse gauche.

Les inclinaisons du haut du corps se feraient en sens inverse, s'il s'agissait des effets produits par la rêne gauche. Nous avons étudié d'une manière générale les actions des rênes, des jambes et du poids du corps, nous proposant surtout d'en faire saisir le mécanisme aux jeunes cavaliers.

Cette intelligence du mode d'action des aides leur est absolument indispensable ; il ne faut pas passer outre avant que chacun s'en soit bien rendu compte.

Ainsi menée, l'instruction se fera rapidement, sans accidents pour les hommes ni pour les chevaux ; elle sera intéressante. Le cavalier prendra confiance dans son instructeur, et celui-ci aura développé chez ses élèves leurs qualités intellectuelles en même temps que leurs forces physiques.

Il les aura mis rapidement à même de mener le cheval le plus vif sans entraver ses moyens, le plus difficile, sans avoir recours aux actions irraisonnées, à la force brutale dont sont souvent si fiers de jeunes cavaliers qui veulent s'imposer au cheval en luttant de force avec lui, ne réfléchissant pas que tôt ou tard et à coup sûr, ils auront le dessous dans cette lutte disproportionnée, soit qu'ils tombent sur un animal plus vigoureux, soit que, leurs forces s'affaiblissant avec l'âge, ils se trouvent, en vieillissant, à la merci d'un des caprices du cheval le plus débonnaire, en la placidité duquel ils avaient placé, avec toute leur confiance, l'espoir de leur carrière.

APPLICATION DES AIDES A LA CONDUITE DU CHEVAL

CHAPITRE PREMIER

MAINTENIR LE CHEVAL DROIT

En étudiant le mode d'action des rênes, des jambes et du poids du corps, l'élève a appris à tourner à droite et à gauche en marchant. Il serait donc tout à fait oiseux d'expliquer, dans un chapitre spécial, ce qu'il doit faire pour marcher, arrêter, tourner à droite ou à gauche ; nous ne ferions que répéter en d'autres termes ce qui a été dit plus haut.

Mais ce que l'élève peut ne pas savoir, ne pas encore avoir appris, généralement parce que l'instructeur a oublié de le lui enseigner :

C'est de marcher suivant une direction donnée, qu'il s'agisse d'une ligne droite ou d'une ligne courbe, le *cheval restant droit,* et aussi de tenir le cheval droit quand il est arrêté.

Maintenir le cheval sur la direction que l'on veut suivre est déjà difficile, cependant cela ne suffit pas pour être maître de lui ; il faut encore pouvoir lui imposer l'allure et régler sa vitesse. Or, une des premières conditions pour se rendre maître de l'allure est de pouvoir maintenir le cheval droit, puisque, comme nous le verrons plus tard, le cheval maintenu droit ne peut galoper et que, mis de travers, il ne peut pas trotter, du moins d'un trot soutenu.

Mais qu'est-ce qu'un cheval droit?

Le cheval progressant suivant une ligne droite, ou étant arrêté sur une ligne droite, *est droit* quand l'épaule gauche et la hanche gauche, l'épaule droite et la hanche droite marchent ou se trouvent placées suivant des lignes parallèles à la première.

Il est droit en suivant une ligne courbe ou étant arrêté sur une ligne courbe quand, de même, ses épaules et ses hanches marchent ou sont placées suivant des lignes concentriques par rapport à la première.

Il ne sera pas droit quand ses épaules ou ses hanches sortiront de ces lignes, soit qu'il porte ses épaules ou ses hanches en dehors, soit qu'il porte ses épaules et ses hanches en dehors à la fois.

Le cheval peut, en effet, porter ses épaules en dehors de la ligne, à droite, par exemple, les hanches restant sur la ligne, ou ses hanches en dehors, à droite si l'on veut, les épaules restant sur la ligne ; ou encore ses épaules et ses hanches en dehors, les épaules à droite, par exemple, et les hanches à gauche et réciproquement.

Voici donc pour le cheval trois manières d'être de travers par rapport à la ligne suivie, de ne pas être droit, sans compter qu'il peut encore complètement sortir de la ligne en question.

Voyons maintenant ce qu'il y aura à faire dans chacun de ces trois cas, *pour le remettre droit.*

1° Le cheval porte les épaules en dehors de la ligne suivie, à droite par exemple.

Avec un cheval soumis, il suffit d'ouvrir la rêne gauche, puisque cet effet a pour résultat d'amener le poids de l'encolure sur l'épaule gauche sans agir sur les hanches et, par conséquent, d'amener l'avant-main à gauche.

Mais il peut se faire que le cheval n'obéisse pas à cette action de rêne, sa position traversée résultant soit d'une gêne, d'une fatigue qui l'empêche de marcher droit, soit d'un mauvais vouloir momentané. Il faudrait alors, pour réussir, ouvrir plus violemment la rêne gauche, par suite non seulement amener le poids de l'encolure sur l'épaule gauche, mais encore ployer la colonne vertébrale à gauche et, comme conséquence, s'exposer à rejeter les hanches de l'autre côté — c'est-à-dire à droite, — déviation des hanches à laquelle la jambe droite ne saurait s'opposer, puisque son action ne s'accorde pas avec celle de la rêne gauche directe. La présence de la jambe droite, son action, ne sauraient donc qu'exciter inutilement le cheval, le mettre en l'air, et en insistant, comme le font généralement les cavaliers insuffisamment au courant des actions des rênes et des jambes, provoquer les défenses d'une bête affolée.

Dans ce cas, au lieu de la rêne gauche, nous nous servirons de la rêne droite contraire d'opposition, qui nous donnera le moyen de remettre les épaules sur la ligne suivie en y maintenant en même temps les hanches, puisqu'au moyen de cette rêne (4e et 5e effets) on peut à volonté envoyer les hanches à droite ou à gauche. La jambe droite n'aura pas plus à faire que la jambe gauche : mais les deux jambes entretiendront le mouvement en avant en agissant également ; et c'est précisément parce que les jambes ne seront préoccupées que de pousser le cheval en avant que celui-ci ne pourra se soustraire à l'action de la rêne droite contraire d'opposition et qu'il sera forcé, quelle que soit la cause de la déviation des épaules (gêne, fatigue ou mauvaise volonté momentanée), de les ramener sur la piste.

2° Le cheval porte les hanches en dehors de la ligne, à droite par exemple.

C'est le cas d'employer l'action de la rêne droite contraire d'opposition (5e effet), qui a pour but de rejeter les hanches à gauche, en ayant soin toutefois d'entretenir le mouvement avec les deux jambes pour forcer le cheval, en le mettant sur les rênes, à obéir à leur action.

3° Le cheval porte ses épaules et ses hanches en dehors de la ligne.

Ses épaules à droite, ses hanches à gauche, par exemple.

Pour y remédier, nous nous servirons de la rêne gauche directe d'opposition (2e effet) et de la jambe gauche, ou encore de la rêne droite contraire d'opposition (4e effet des rênes) et de la jambe gauche.

4° Enfin, le cheval sort complètement de la ligne que le cavalier veut suivre, en se jetant à droite, par exemple.

Pour le ramener, nous nous servirons de la rêne droite contraire d'opposition (5e effet des rênes) et de la jambe droite.

En résumé, il est à remarquer que dans ces différents cas, c'est toujours à la rêne contraire d'opposition qu'il faut avoir recours, en associant cette rêne à l'action de la jambe qui y correspond.

Dans le cas seulement où le cheval porte ses épaules d'un côté et ses hanches d'un autre côté de la ligne, on peut agir avec la rêne directe et la jambe du même côté qui s'accorde avec elle pour le redresser.

D'où ressort la *puissance des oppositions des rênes contraires pour maintenir le cheval droit.*

Il est nécessaire d'insister beaucoup sur ce point, de faire comprendre au cavalier que le cheval est maintenu droit suivant la direction qu'il veut lui imposer par des oppositions de la rêne contraire, que cette rêne n'a que des avantages, tandis que la rêne directe *présente trois inconvénients capitaux :*

1° Dans le cas où le cheval lui obéit, ce qui est problématique, de jeter les hanches de l'autre côté ;

2° Dans le cas le plus habituel où le cheval ne lui obéit pas, d'augmenter la déviation à laquelle on veut remédier. A qui n'est-il pas arrivé, en effet, lorsque le cheval se jette à gauche, soit qu'il s'effraie d'un objet placé à sa droite, soit qu'il veuille se défiler pour ne pas franchir un obstacle, d'être impuissant à le ramener avec la rêne droite ! Résistant à l'action de cette rêne, le cheval porte tout le poids de son encolure sur l'épaule gauche, maintient ses épaules de ce côté ou même tourne à gauche, ou fuit vers la gauche ;

3° De mettre le cavalier dans la nécessité d'accompagner l'action de la rêne d'une action de jambe qui ne s'accorde pas avec elle.

Le remède est donc pire que le mal, puisqu'il l'augmente au lieu de le corriger, qu'il irrite le cheval dans sa désobéissance, qu'il le soumet à des actions qui se contrarient, auxquelles il ne peut obéir et dont le résultat est de le rendre, si ce n'est absolument rétif et immontable, lourd et froid à la jambe.

Avec la rêne contraire bien maniée, aucun de ces inconvénients ne se produira, parce que l'obéissance des épaules à la rêne est assurée, qu'elle s'accorde toujours avec l'action de la jambe, d'autant qu'elle n'en a pas besoin et qu'elle leur laisse ainsi le soin unique d'entretenir le mouvement, de n'agir que dans ce but, sans irriter le cheval mal à propos, en lui conservant toute sa franchise aux jambes, son calme et son perçant.

Ceci étant dit, il s'agit d'en faire l'application.

Dès que l'élève saura tourner à droite ou à gauche, c'est-à-dire qu'il aura compris et prouvé qu'il comprend les effets des rênes, des jambes et du poids du corps, il faut en profiter pour le forcer à tenir son cheval droit sur la ligne droite, sur la ligne courbe et arrêté.

Sur la ligne droite.

Pour cela, il faut le faire marcher isolément, non seulement sur un point de direction, mais sur une ligne bien définie. Les points sont indiqués sur les côtés du carré, la ligne suivie est perpendiculaire aux grands ou aux petits côtés ; s'il s'agit de la diagonale, elle doit être bien définie par des points très apparents sur les grands côtés du manège.

Et si le cheval marchant naturellement droit ne met pas l'élève dans la nécessité de le redresser ou de le ramener sur la ligne, il faut lui apprendre à lui mettre les épaules en dehors de la ligne, ou les hanches, ou à le faire sortir en même temps de la ligne.

Pour les épaules à gauche, par exemple : rêne droite contraire d'opposition (4e effet des rênes).

Pour les hanches à gauche : rêne droite contraire d'opposition (5e effet des rênes).

Pour faire sortir le cheval entièrement de la ligne à gauche : rêne droite contraire d'opposition (5e effet des rênes).

Ces deux derniers effets sont dignes de fixer l'attention du cavalier, puisque la même action de rêne produit deux effets qui semblent un peu différents.

La rêne droite contraire d'opposition (5e effet des rênes) met les hanches à gauche ou porte le cheval vers la gauche.

Cette différence d'effet tient à la manière dont la rêne gauche agit pour régler le pli de l'encolure et s'emparer du mouvement. Cette action de la rêne gauche s'associant à la rêne droite contraire d'opposition pour en régler l'effet et l'augmenter, mérite d'être étudiée sérieusement.

Tant que le cavalier ne l'aura pas comprise, tant que, agissant contrairement de la rêne droite par opposition, il ne saura pas se servir en même temps de la rêne gauche dans le sens que nous venons d'indiquer, il lui sera impossible — absolument impossible — de bien gouverner son cheval avec les rênes contraires d'opposition (5e effet).

Dans ce travail sur la ligne droite, pendant lequel on se propose de faire comprendre au cavalier comment il doit, avec ses rênes contraires d'opposition, tenir son cheval droit, il faut saisir toute occasion de lui ouvrir les yeux. Celle-ci se présentera fréquemment. Un cheval se double à droite pour envoyer une ruade de ce côté sur un cavalier qui le frôle de trop près. Faudra-t-il, pour ramener les hanches à gauche, fermer la jambe droite et sentir la rêne gauche? Évidemment non. Cette double action aurait pour résultat infaillible de permettre à ce cheval trop gai de s'en donner à cœur joie, puisque la rêne gauche lui ferait jeter les hanches à droite et que la jambe droite, en désaccord avec la rêne gauche, le ferait ruer de plus belle. Il n'y a qu'une manière de s'y prendre :

Opposition de la rêne droite contraire, la main haute et pousser dans les jambes.

Sur la ligne courbe.

Il faut exiger que le cavalier décrive une ligne circulaire bien régulière, qu'il s'agisse de doubler, de volte, de demi-volte, etc.

Le cavalier doit être attentif à ne quitter la piste ou la ligne droite qu'au point voulu, à ne la reprendre qu'au point indiqué, après avoir suivi avec son cheval une ligne bien déterminée. C'est pour cela que l'ordonnance indique le rayon du doubler et que l'instructeur doit indiquer celui de la volte : tiers, quart, moitié du manège, etc.

C'est pour cela que le mouvement doit être individuel et fait par le cavalier lui-même dirigeant le cheval pour son compte, et non pas suivant un conducteur ou d'autres cavaliers.

D'ailleurs, quelle que soit la figure décrite (doubler, volte ou demi-volte), la longueur du rayon (petite ou grande), la situation du cavalier (isolé ou réuni à d'autres), il est rare que sur la ligne circulaire le cavalier n'ait pas constamment à faire l'application des principes qui viennent d'être indiqués pour maintenir le cheval droit.

Celui-ci est plus ou moins raide et tourne, à cause de cette raideur, plus ou moins gauchement. Le cercle décrit est par suite un carré ou une succession de lignes droites réunies par des doublés : ou bien il s'abandonne par paresse en dedans de la circonférence qu'il faut suivre, ou bien il se jette en dehors, parce que son manque de souplesse l'empêche de tourner court surtout à une allure allongée.

Le passage du coin donne au cavalier qui suit la piste l'occasion de prouver qu'il a bien compris l'action de la rêne contraire d'opposition et qu'il est attentif. Il est rare, en effet, que le cheval entre dans le coin et il l'arrondit généralement. Pour l'en empêcher et le forcer à rentrer dans le coin, le cavalier devra se servir de la rêne du dedans contraire d'opposition. Ainsi, marchant à main gauche, ce sera la rêne gauche contraire d'opposition qui non seulement empêchera d'arrondir le coin à gauche, mais encore le forcera d'entrer dans le coin, la jambe gauche lui prêtant son concours. Et, comme toujours, cette rêne gauche devra être réglée et fortifiée par la rêne droite.

En entrant dans un manège ou dans un carré, on peut donc, au bout d'un instant, juger de l'enseignement en observant simplement comment le coin est passé.

C'est ici l'occasion de faire remarquer que, si pour entrer dans le coin, étant à main gauche, le cavalier ouvre la rêne droite, système habituel, il produira, en jetant les hanches à gauche, juste l'effet contraire à celui qu'il cherche : d'ailleurs, le cheval se contentera généralement de tourner la tête à droite, en laissant même ses épaules en dehors du coin.

De même, si le cavalier se sert de la rêne gauche contraire d'opposition (4e effet de rênes), il fera bien entrer les épaules dans le coin, mais les hanches resteront à gauche, c'est-à-dire en dehors du coin, sans qu'il puisse se servir de la jambe gauche, qui produirait une action contraire à celle de la rêne.

Donc, il n'y a qu'un moyen, c'est celui que nous indiquons : rêne contraire d'opposition (5e effet des rênes) réglée et fortifiée par la rêne droite et jambe gauche.

Maintenir droit le cheval arrêté.

Cela présente de sérieuses difficultés, car on ne saurait avoir recours à l'action directe des rênes et leur action contraire produit toujours un effet rétrograde auquel on ne peut obvier que si le cheval est franc à l'action des jambes.

Il est facile de démontrer l'une et l'autre de ces propositions. *La rêne directe ne peut être employée :* supposons, en effet, que le cheval porte ses hanches à droite en dehors, que pourrait-on faire de la rêne gauche directe, si ce n'est augmenter la déviation des hanches? Et si l'on veut se servir de la rêne droite directe d'opposition, on rejettera, il est vrai, les hanches à gauche, mais en portant les épaules à droite ; on aura donc remédié à la déviation des hanches en produisant celle des épaules, et cela que le cheval soit ou non obéissant à la jambe.

La rêne contraire produit un mouvement rétrograde, puisque son effet sur les hanches est obtenu précisément parce qu'elle est tirée *en arrière.* Si les jambes n'agissent pas, le cheval reculera au lieu de se mettre droit, et s'il se met droit, il le fera en arrière du point où il se trouvait.

Donc, pour maintenir le cheval droit quand il est arrêté, le cheval doit être franc aux jambes, et les actions des rênes à employer sont les actions contraires d'opposition déjà indiquées plus haut : nous n'y reviendrons pas.

Mais, avant de terminer ce chapitre, nous sommes amenés à parler du *rassembler,* à expliquer *ce que c'est,* à dire *comment on peut l'obtenir.*

DU RASSEMBLER

On dit qu'un cheval est rassemblé quand ses membres postérieurs sont rapprochés des membres antérieurs, le cheval restant droit, sa colonne vertébrale se courbant comme un arc en s'élevant. Dans cette position, le cheval se grandit; ses extrémités étant rapprochées, la base qui les supporte est plus petite, son équilibre est plus instable; il est donc dans de meilleures conditions pour entamer la marche dans la direction et l'allure que le cavalier voudra lui imprimer.

Car le plus léger déplacement du poids, la plus légère cession de main, en déplaçant l'équilibre et en donnant à l'arc la faculté de se détendre, suffiront pour cela.

Pour obtenir ce résultat, pour rapprocher les membres les uns des autres, réunir les forces du cheval, les rassembler, courber en hauteur la colonne vertébrale, il faut de toute nécessité que les membres postérieurs soient poussés en avant, tandis que les membres antérieurs sont retenus, et cet effet doit se produire sur la ligne droite.

Il est, en effet, évident que si les membres postérieurs poussés en avant sont déviés à droite ou à gauche de la ligne, quoique les membres antérieurs soient retenus, les membres postérieurs ne se rapprocheront pas d'eux, la colonne vertébrale ne se voûtera pas, les forces ne seront pas rassemblées, le cheval sera de travers et voilà tout.

Ne voit-on pas ici combien il est nécessaire de savoir tenir le cheval droit lorsqu'il est arrêté pour pouvoir le *rassembler*? Tel est le premier point auquel il faut encore ajouter l'obéissance du cheval aux jambes et à la main.

Si, à l'action des jambes, le cheval est insensible ou

se défend, il ne faut pas songer à produire avec elles le mouvement.

Si, à l'action des mains, le cheval se campe sur le mors, comment penser à retenir les membres antérieurs?

Signaler cette nécessité, c'est y répondre.

Donc, comme conclusion :

Pour rassembler un cheval, il faut que le cavalier sache le maintenir droit et que le cheval soit obéissant aux jambes et à la main. Nous demanderons si nos cavaliers militaires sont généralement capables de maintenir le cheval droit lorsque, étant arrêté, il est sollicité par les jambes et la main. Nous demanderons encore si nos chevaux de troupe sont généralement obéissants aux jambes et à la main.

Et, cette question posée, nous conclurons que l'on ne doit pas parler de rassembler à l'élève au début de son instruction, mais que l'instructeur militaire doit diriger l'instruction de ses chevaux et de ses élèves de telle sorte que le rassembler soit obtenu avec n'importe quel cheval par chacun des cavaliers à la fin de son instruction.

Nous pensons que nous en sommes encore loin. La cause, la seule, de cette infériorité, est que nous ne voulons pas, avant de demander le rassembler, pour nous ou pour nos élèves, bien nous rendre compte de ce qu'est le rassembler et des moyens de l'obtenir.

DES ALLURES

Nos cavaliers savent maintenant au moyen de quelles actions des aides ils pourront maintenir leur cheval *sur sa direction et droit de sa personne sur cette direction;* il s'agit maintenant de les mettre à même de régler les allures et d'en changer.

Nous ne nous attarderons pas à décrire ce qu'est le pas, le trot, le galop : ce que dit l'ordonnance suffit. Peu importe d'ailleurs que le cavalier militaire sache définir les phases successives des mouvements des membres dans les allures. La question doit être posée beaucoup plus pratiquement ; elle se résume ainsi :

Le cavalier militaire doit savoir faire marcher son cheval à *un pas allongé* qui permette à sa monture de marcher vite et longtemps sans se jeter par terre.

Il doit aussi lui faire soutenir *un trot cadencé* qui lui permette de faire rapidement de longues traites sans s'épuiser.

Enfin, il doit savoir le faire galoper longtemps en lui conservant toute sa respiration et, par conséquent, toutes ses forces.

D'où deux obligations qui priment toutes les autres :

1° Savoir maintenir son cheval à l'allure indiquée ;

2° Savoir le conduire, le régler à cette allure, de manière à faire beaucoup de chemin sans fatiguer sa monture.

1° Savoir maintenir son cheval à l'allure indiquée.

Une remarque importante est à faire faire aux élèves :

Dans le pas et le trot, les membres de droite et ceux

de gauche se meuvent dans des plans parallèles. Ils font chacun à leur tour le même travail que le membre correspondant : au pas en quatre temps, au trot en deux temps.

Dans le galop, les deux membres d'un côté précèdent toujours les deux membres de l'autre côté, et cette disposition des membres détermine le côté du galop. Dans le galop à droite, les deux membres droits dépassent les membres gauches, et réciproquement dans le galop à gauche.

Cette remarque est nécessaire et elle suffit pour faire comprendre au cavalier qu'au pas et au trot le cheval *doit rester* droit, tandis qu'au galop il est *légèrement de travers.*

2° Savoir le conduire et le régler de manière à faire beaucoup de chemin sans fatigue.

Pour cela, il faut que le cheval dépense le moins de forces possible et que toutes ses forces agissent dans le sens du mouvement. Or, le cheval peut manier *haut,* il peut manier *bas* ou encore manier *haut et bas* à la fois.

Le cheval maniera haut lorsque, suffisamment assoupli, gymnastiqué et habilement monté, il pourra être rassemblé en marchant.

Alors les muscles de l'encolure rouée et haute élèveront dans leur contraction les membres antérieurs, tandis que les membres postérieurs engagés sous la masse se détendront également de bas en haut. La colonne vertébrale, qui réunit l'avant-main à l'arrière-main, voûtée de bas en haut, sera très limitée dans sa détente à cause du pli donné à l'encolure en sens contraire.

Les ressorts du cheval manieront en hauteur, avec élasticité et brillant ; mais ils ne produiront qu'une *vitesse limitée.* De plus, cette position rassemblée, très favorable aux changements instantanés d'équilibre et, par suite, de direction et d'allure, sera par cela même très fatigante pour le cheval, puisque ses articulations sont constamment fléchies, ses muscles en travail continuel, pour lui donner une grâce, une légèreté indispensables dans un manège pour un travail ralenti, l'exécution d'airs relevés mais contraires à la vitesse, puisqu'elle produit en hauteur ce que celle-ci réclame dans le sens du mouvement.

En résumé donc, fatigue pour le cheval et diminution de vitesse.

Le *cheval maniera haut et bas* à la fois lorsque, conduit par un cavalier inexpérimenté, sans être rassemblé, il tiendra la tête haute, de gré ou de force.

Alors les muscles de l'encolure, comme dans le cas précédent, élèveront dans leur contraction les membres antérieurs ; mais les membres postérieurs, placés loin des membres antérieurs, ne pourront s'engager sous une colonne vertébrale écrasée par la position trop haute de l'encolure. Leurs mouvements seront saccadés, la colonne vertébrale n'aura aucune détente. Le cheval progressera lentement malgré un déploiement de forces considérable, au milieu de souffrances continuelles dans les reins et les membres postérieurs qui se traduiront par des désordres de toutes sortes.

Le *cheval maniera bas* lorsque, non rassemblé, il progressera, l'encolure tendue, allongée, sa direction se rapprochant de l'horizontale.

Alors les muscles de l'encolure en se contractant tireront les membres antérieurs en avant et non en hauteur. Les membres postérieurs seront éloignés des membres antérieurs ; mais ils pourront s'engager facilement sous la masse en raison de la position même de l'encolure, qui donnera à la colonne vertébrale toute facilité pour se ployer de haut en bas et se détendre ensuite dans le sens du mouvement. Cette position favorisera la vitesse, et tous les efforts du cheval tendront à produire le mouvement, aucune force ne sera perdue. Cette position produira donc vitesse sans fatigue : c'est bien celle-là que le cavalier militaire doit chercher à faire prendre à son cheval.

DU PAS

Pour permettre à son cheval de marcher, le cavalier doit baisser la main ou les mains, mais sans brusquerie, de manière à rester en contact avec la bouche du cheval. La pression des jambes détermine ensuite la marche.

Si le cavalier rendait la main trop brusquement en mettant ainsi son cheval dans le vide en lui retirant son guide, ou, s'il agissait trop fort ou trop brusquement des jambes (défaut habituel du cavalier militaire), le cheval pourrait prendre le trot ou du moins entamer le pas en trottinant.

Allonger le pas.

Pour forcer le cheval à allonger le pas, le cavalier doit, avant tout, permettre à l'encolure de s'allonger, tout en évitant de la laisser dans le vide : la pression des jambes force ensuite le cheval à faire des pas plus longs et un peu plus précipités.

Il est très difficile de faire allonger le pas à certains chevaux, et *généralement dans la cavalerie on marche un pas trop court.*

Il faut donc, dès le début, faire comprendre aux élèves que l'accélération de l'allure dépend de l'allongement de l'encolure (voir plus haut). La pression des jambes ne doit venir qu'après. Avec l'encolure allongée, complètement libre, le cheval est plus solide sur ses jambes qu'avec l'encolure maintenue maladroitement haute. Non seulement il voit son terrain, mais il est surtout dans une position plus favorable pour faire mouvoir ses jambes sans fatigue, sans les lever, en rasant le sol, et, s'il vient à le heurter, il ne peut tomber parce que son rein libre de toute gêne est là pour le rattraper. Le cavalier doit prendre de bonne heure l'habitude de marcher ainsi les rênes complètement abandonnées ; c'est aussi la meilleure manière de calmer un cheval irritable et de ne pas l'exaspérer par les actions du mors.

Quand le cheval, au lieu d'allonger le pas, se met à trottiner, il faut que la main reste en contact avec la bouche du cheval pour chercher à tenir sa tête droite ou à ralentir, puis forcer le cheval à courir après son mors en allongeant l'encolure de nouveau.

Empêcher un cheval de trottiner est chose difficile : il est plus facile d'expliquer ce qu'il faut faire que de le mettre en pratique.

Ralentir le pas.

On fait le contraire de ce qui a été fait pour l'allonger : les rênes seules agissent dans le cas où le cheval continue à marcher ; sinon les jambes entretiennent le mouvement.

Ces mouvements d'accélération et de ralentissement d'allure au pas fournissent le vrai moyen de faire saisir au cavalier comment ils doivent équilibrer l'action des rênes et des jambes.

Arrêter.

Il faut élever la main pour arrêter le mouvement en élevant l'encolure et forcer le cheval à rester droit par des oppositions de rênes.

L'action des jambes n'est alors utile que pour empêcher le cheval de reculer, mais non pour le maintenir droit (voir plus haut) ; ce sont les rênes qui sont chargées de cet office.

L'encolure allongée, la bouche sur le mors, ne signifient pas que le cheval doit s'appuyer sur la main : quelle que soit la position de l'encolure, basse, allongée ou haute, un cavalier adroit doit toujours, au moyen des oppositions de rênes, amener son cheval à céder de la mâchoire et à goûter son mors.

En ralentissant le pas, il faut chercher à obtenir cette cession, non pas en poussant le cheval avec les jambes sur la main, tenant les rênes plus ou moins courtes et les jambes plus ou moins fixes, mais en se servant adroitement des oppositions de rênes.

DU TROT

L'allure du trot est facile à obtenir et, en raison de sa grande régularité, il est facile de le régler.

Le trot habituel est ralenti, très ralenti, mais il doit rester cadencé. Le cheval ne doit pas s'abandonner en pesant sur la main.

Ici encore, ce n'est pas par la pression continuelle des jambes poussant le cheval sur une main fixe que l'on obtiendra le trot léger ; nous avons expliqué plus haut, en parlant du rassembler, qu'en agissant ainsi on court le risque d'augmenter les contractions du cheval, de l'irriter, de le traverser et, dans tous les cas, de le rendre lourd aux jambes. La légèreté du cheval au petit trot s'obtiendra par des oppositions de rênes bien faites, qui, en amenant la cession de la mâchoire, empêcheront par là même le cheval de peser à la main.

Allonger le trot.

Il faut pousser le cheval en avant en l'empêchant de se mettre de travers ou, ce qui revient au même, en empêchant l'une des épaules de devancer l'autre.

Si le cheval se met de travers à droite ou si l'épaule droite devance l'épaule gauche, la rêne droite contraire d'opposition (5e effet) doit rejeter les hanches à gauche et porter le poids de l'encolure sur l'épaule gauche en refoulant l'épaule droite, le poids du corps du cavalier se portant à gauche ; réciproquement, si le cheval se met de travers à gauche ou si l'épaule gauche devance l'épaule droite.

C'est pour tenir le cheval plus facilement droit que, lorsqu'on veut le pousser au grand trot, il est d'une bonne pratique de séparer ses rênes, afin de faire plus commodément ses effets de rênes contraires d'opposition.

Mais il ne suffit pas d'empêcher le cheval de se mettre de travers, il faut aussi, en l'empêchant de prendre le galop, lui donner la possibilité d'allonger le trot et l'y forcer. Pour lui donner la possibilité d'allonger le trot, il faut que l'encolure s'allonge le plus possible ; les rênes doivent donc, en s'allongeant, se prêter à ce mouvement de l'encolure, puis les jambes doivent pousser vigoureusement le cheval en avant. Enfin, la main devant veiller constamment à empêcher le cheval de se mettre de travers, il faut qu'elle reste en contact continuel avec la bouche du cheval ; il faut même que celui-ci prenne un point d'appui sur le mors. C'est pour donner ce point d'appui plus facilement que le cavalier doit porter le poids du corps en arrière. Ainsi, il évite en partie les réactions du cheval et, plus fixé dans sa position, il est dans de meilleures conditions pour bien se servir de ses rênes et de ses jambes.

Ralentir le trot.

Le cheval ralentit le trot sous l'action des rênes ; mais il est nécessaire, pour le maintenir au trot très ralenti en l'empêchant de prendre le pas, de se servir de ses jambes. L'action de celles-ci a pour but d'entretenir le mouvement. Seulement. la même obligation se retrouve toujours ; il ne faut pas que le cheval soit comprimé entre les rênes et les jambes, mais bien que sa souplesse entière lui soit conservée par des oppositions judicieuses des rênes qui l'empêchent de s'appuyer sur la main, oppositions combinées avec l'action des jambes qui poussent le cheval en avant, l'obligeant de manier haut dans une sorte de rassembler.

Ces accélérations et ralentissements d'allure marchant au trot sont précieuses pour faire saisir au jeune cavalier la manière dont les actions des rênes et des jambes doivent se combiner pour se faire équilibre ou pour l'emporter tour à tour les unes sur les autres.

DU GALOP

Le galop est caractérisé par l'avance qu'un bipède latéral prend sur l'autre, de telle sorte qu'au galop à droite les deux jambes droites devancent les deux jambes gauches, et qu'au galop à gauche les deux jambes gauches devancent les deux jambes droites.

(La bonne manière de démontrer cela au jeune cavalier est de lui faire regarder un cheval galopant en cercle autour de lui et de le faire galoper lui-même du pied droit ou du pied gauche.)

Le cheval étant au trot et étant poussé hors de ses moyens prend le galop : s'il ne s'agissait que d'aller sur la ligne droite, ce moyen pourrait à la rigueur suffire pour embarquer son cheval au galop ; c'est celui qu'emploient généralement les cavaliers d'occasion.

Mais il faut, en marchant au galop, pouvoir conduire son cheval exactement comme aux autres allures, c'est-à-dire tourner à droite et à gauche. Il faut donc non seulement pouvoir faire galoper son cheval, mais encore l'obliger à galoper sur tel ou tel pied, afin d'assurer sa solidité dans les tournants et aussi régler son galop. Donc, il faut savoir faire partir son cheval au galop sur le pied droit et sur le pied gauche, par un moyen autre que celui qui consiste à mettre sa monture à fond de train.

Le faire partir sur le pied que l'on désire est facile : il suffit en effet de mettre ce pied ou mieux ces pieds en avant des deux autres ; puis, cela fait, de pousser le cheval en avant ou, ce qui revient au même, de pousser le cheval en avant lorsque ce pied ou ces pieds se trouvent par hasard être en avant des autres. Avec un cavalier qui débute et qui n'a pas, par conséquent, la connaissance complète de ses aides, avec un cheval qui n'a pas l'habitude du galop, c'est ce second moyen qu'il faut employer. Ainsi, pour obtenir le galop sur le pied droit, il suffira de mettre le cheval en cercle à droite, de lui faire prendre le trot, d'allonger légèrement cette allure, puis d'exciter un peu le cheval. Celui-ci prendra alors le galop sur le pied ou mieux sur les pieds droits, parce que les jambes droites ayant moins de chemin à parcourir que les jambes gauches, plus éloignées du centre du cercle, auront plus de facilité pour les dépasser; elles le feront tout naturellement, surtout si le cavalier porte le poids de son corps de ce côté, c'est-à-dire en avant et à droite (sur la cuisse droite).

Sans avoir recours à l'une ou l'autre de ses jambes,

sans avoir agi d'une manière particulière sur ses rênes, le cavalier verra son cheval prendre le galop ou plutôt tomber dans le galop sur les pieds droits.

Mais il n'est pas nécessaire, pour obtenir le galop de cette manière, de mettre le cheval sur le cercle. En restant sur la piste, on peut allonger l'allure du trot, puis, au passage des coins, abandonner son cheval en penchant le corps en dedans du manège. De cette manière, plusieurs cavaliers en reprise peuvent, en restant sur la piste, prendre successivement et machinalement le galop.

Cette méthode a l'avantage de laisser au cheval la tête basse, puisque les rênes n'ont pas à agir sur sa bouche, de l'embarquer dans un galop facile, calme, sans à-coup, puisque les jambes n'agissent pas pour enlever le cheval au galop. C'est donc bien la manière qui convient au cavalier qui débute, qui n'a pas encore d'assiette, qui doit faire connaissance avec l'allure du galop, se mettre en confiance, ce qu'il ne saurait faire s'il lui fallait enlever son cheval. Il aurait grande chance de provoquer ainsi, dès la première battue, une pétarade qui dérangerait son assiette, le forcerait à se cramponner aux rênes et bientôt, après plusieurs sauts de gaieté de sa monture, lui ferait vider les arçons. C'est aussi celle qui convient au jeune cheval que le galop grise, affole ; il faut, pour qu'il prenne l'habitude de cette allure, qu'il s'y trouve engagé pour ainsi dire sans s'en douter.

Mais on ne peut pas toujours prendre le galop sur une volte ou sur un doubler : il faut donc savoir prendre le galop sur la ligne droite.

Nous ne nous occuperons pas de savoir si le cavalier est arrêté, s'il marche au pas ou au trot au moment de prendre le galop.

Le cavalier militaire ne peut pas faire toutes ces distinctions : de lui-même, en se perfectionnant peu à peu, il se rendra compte que plus son allure est ralentie au moment de prendre le galop et plus il doit, pour embarquer son cheval à cette allure, maintenir par la main la position donnée au cheval pour obtenir le départ juste.

Nous insistons cependant sur la remarque suivante : c'est que c'est l'arrière-main qui pousse la masse en avant ; ce sont les jarrets qui par leur détente lui donnent l'impulsion, d'où il suit que si l'arrière-main est bien placée, l'impulsion donnée sera bonne et elle aura grande chance de produire le résultat demandé.

Sur la ligne droite, le cheval *restant droit*, les membres droits parcourent le même chemin que les membres gauches ; ils travaillent de la même manière, ils restent à la même hauteur, aucun d'eux ne prend de l'avance sur les autres, il n'y a donc pas de galop possible. Pour le produire, il est indispensable que le cheval ne soit plus droit : il faut qu'il *soit traversé*.

Traversé ou de travers à droite, les membres droits sont en avant des membres gauches, le cheval est préparé pour le galop à droite, et réciproquement dans le traverser à gauche, il est prêt pour le galop à gauche.

Donc, pour placer le cheval, le préparer à partir au galop, il faut le traverser et, pour nous conformer à l'observation faite plus haut, il faut le traverser des *hanches* et non pas des *épaules*.

Cette remarque est indispensable ; c'est elle qui nous permettra de comprendre pourquoi le cavalier maladroit qui traverse son cheval avec la rêne directe d'ouverture, au lieu de prendre la rêne contraire, obtient le galop précisément sur le pied opposé au traversé.

Deux manières se présentent pour traverser les hanches à droite, par exemple :

1° Rêne gauche contraire d'opposition (5ᵉ effet) ;

2° Rêne droite contraire d'opposition (4ᵉ effet).

Dans le premier cas, tout le poids du corps est rejeté sur le côté droit, il entraîne la masse de ce côté, surtout si le poids du corps du cavalier, posant sur la cuisse droite, vient s'ajouter à celui du cheval. Il n'y a qu'à pousser le cheval dans les deux jambes. C'est ici le cas de faire remarquer que la jambe droite agit pour le départ au galop à droite, puisque les *deux jambes* produisent le mouvement nécessaire au départ.

Dans le deuxième cas, le poids de l'encolure est placé sur l'épaule gauche, qui est refoulée en arrière, l'épaule droite déchargée se trouve en avant de l'épaule gauche. Les hanches, par opposition de l'épaule gauche, tombent à droite ; la hanche droite en avant de la hanche gauche, portant la plus grande partie du poids de l'arrière-main, est disposée à produire le départ, surtout si le poids du corps du cavalier vient s'ajouter à celui de l'arrière-main en posant sur la fesse droite. La jambe gauche se combine tout naturellement avec la rêne droite contraire d'opposition (4ᵉ effet). Mais, puisque les deux jambes provoquent le mouvement, la jambe droite agit encore pour donner le départ à droite.

NOTA. — Toutefois, pour obtenir le départ ainsi, il

faut absolument que le cheval soit obéissant aux jambes. L'action de la rêne refoule en effet l'épaule gauche en arrière ; c'est ce mouvement de recul de l'épaule gauche qui, par opposition, fait basculer les hanches à droite ; mais il y a recul, il faut donc que les jambes soient assurées de neutraliser cette action rétrograde. D'où l'on voit que la première méthode, *effet latéral*, est la manière du commencement, aussi bien pour le cavalier qui débute que pour le cheval, et que la deuxième méthode, *effet diagonal*, est la méthode de la fin. Remarquons en passant que vouloir, quand on dresse un cheval, obtenir le galop par la deuxième méthode, parce qu'à Saumur ou à Saint-Cyr, sur des chevaux faits, on a été habitué à faire de la sorte, est tout bonnement absurde et mène infailliblement à la rétivité et aux écueils insurmontables.

Si, au lieu de se servir de la rêne gauche contraire d'opposition (5e effet), le cavalier ouvrait la rêne gauche (ce qui se fait généralement), il attirerait le poids de l'encolure sur l'épaule gauche, plaçant son cheval pour tourner à gauche, c'est-à-dire le mettant dans les meilleures conditions pour prendre le galop sur le pied gauche. N'est-ce pas, en effet, ce moyen que nous avons pris pour faire tomber le cheval machinalement au galop à gauche (le faire tourner à gauche ou mettre en cercle à gauche) ?

Cette explication est irréfutable : elle montre combien il est indispensable que l'écuyer et l'élève connaissent les actions de chaque rêne, puisque la même rêne employée plus ou moins judicieusement produit le galop sur le pied droit ou sur le pied gauche.

Étant au galop, passer au trot.

Faire le contraire de ce que l'on a fait pour prendre le galop. Remettre le cheval droit et pas autre chose, et si cela ne suffit pas, produire l'effet nécessaire pour obtenir le galop sur l'autre pied. Ainsi, galopant à droite, rêne droite contraire d'opposition (5e effet), de manière à redresser d'abord les hanches et même, si cela ne suffit pas, à les mettre légèrement à gauche. Ainsi placé, le cheval, de lui-même, prendra le trot. Pour agir finement, le cavalier devrait accompagner cette opposition d'un temps d'arrêt suivi d'une cession immédiate de la main.

Il est indispensable, lorsque l'on vient de galoper, c'est-à-dire de faire marcher le cheval sur une position légèrement traversée et parfois avec des cavaliers qui débutent ou des chevaux trop chauds sur une position très traversée, de faire trotter le cheval un temps assez long avant de prendre le pas, dans le but de remettre le cheval droit. C'est un indice de l'habileté de l'instructeur et du cavalier.

Étant au galop, passer au pas.

Rien à ajouter; mettre le cheval droit, porter le haut du corps en arrière, toujours du côté opposé à celui où l'on a galopé, et produire le temps d'arrêt.

Étant au galop, arrêter.

Rien à ajouter, si ce n'est de recommander le plus de moelleux possible dans les actions et que l'opposition de rêne ait pour but, tout en remettant le cheval droit, d'obtenir la cession de la mâchoire.

Allonger le galop.

La pratique du galop allongé n'existe pas dans la cavalerie; on ne paraît pas encore être fixé sur la manière de faire travailler les chevaux au galop allongé.

Et d'abord, que doit être ce galop allongé ? Est-ce un galop furieux, à toute bride, dans lequel le cheval s'essouffle, s'épuise et, après avoir donné un effort très court, se trouve incapable de continuer ? Non.

Le galop allongé doit être un galop soutenu, calme, que le cheval produit en rasant le tapis, l'encolure horizontale, goûtant le mors, le cheval étant le plus droit possible, progressant sans bruit, semblant couler sur le terrain et ne dépensant pour filer ainsi tout à son affaire que le minimum de forces. A cette condition, il soutiendra cette allure longtemps.

Pour obtenir ce travail, il faut deux choses :

1° Savoir y préparer le cheval ;

2° Savoir le conduire à cette allure allongée.

La préparation du cheval au galop allongé se fait naturellement par le travail auquel il est soumis dans l'année. Le chapitre des bases de l'instruction, intitulé: *Entraînement,* traite complètement de la question. Le point important est de préparer l'animal progressivement. Il est donc d'une nécessité absolue que le travail journalier soit réglé par les capitaines commandants et dirigé par les officiers de manière à amener peu à peu les chevaux au point voulu.

Il est indispensable que les officiers et surtout les capitaines commandants sachent combien de temps un cheval qui reprend son service a été indisponible, et pour quelle cause, quelle maladie, il a dû rester à l'écurie. A ces chevaux, il faudra un travail différent, en raison du temps plus ou moins long de leur indisponibilité et de la nature de leur maladie. Il faut aussi que les officiers, le capitaine commandant, se rendent compte des tempéraments de leurs chevaux, que, chaque jour, ils examinent leur état et qu'ils se gardent bien de prendre pour de l'entraînement l'éreintement de leur cavalerie. Rien ne doit échapper à leur attention : l'état des membres, leur raideur plus ou moins accusée, la souplesse plus ou moins grande des articulations. Un cheval trop en chair, quand il est bien mené, peut supporter un travail très dur, il est capable d'une résistance inouïe. Au contraire, il faut des mois pour le remettre quand il est tombé au-dessous de sa condition. Il suffit de quelques heures pour mettre à bas et pour longtemps les meilleurs chevaux, sous prétexte d'entraînement.

Dans la conduite du cheval au galop allongé, il faut s'attacher avant tout à ne pas contrarier ses mouvements. Il faut que le cavalier ne fasse qu'un avec sa monture, qu'il en suive le mouvement sans pour ainsi dire s'en apercevoir, que son assiette coule sur la selle, que la souplesse de son rein soit absolue, de telle sorte que son buste soit indépendant, la tête libre et que les jambes relâchées restent cependant à leur place sans ballotter sur les flancs du cheval.

La charge du cheval, son paquetage, doivent remplir

les mêmes conditions. Si, à chaque battue de galop, la selle mal sanglée voyage sur le dos du cheval, si les effets mal arrimés voltigent de l'avant en arrière et réciproquement à chaque détente de ses jarrets, il ne faudra pas songer à obtenir, à un moment donné, de sa cavalerie du galop allongé.

L'animal le plus vigoureux, le mieux entraîné, ainsi chargé, se trouve dans les mêmes conditions que le chasseur qui porte un lièvre dans sa carnassière sans ceinturon. Saute-t-il un fossé, allonge-t-il le pas pour atteindre un poste, arriver à une remise, le ballottement de son sac est intolérable. Il faut que la gibecière fasse corps avec son porteur, de même que le sac avec le fantassin.

Mais cette souplesse du cavalier ne devra pas être exigée seulement au moment du travail au galop allongé, ce serait trop tard ; elle sera le résultat d'une instruction bien combinée dans laquelle les exercices gymnastiques, la salle d'armes, la voltige, les sauts, la boxe, le bâton, les jeux d'adresse joueront un rôle important.

Le travail sans étriers et l'explication continuelle et raisonnée des moyens dont dispose le cavalier pour conduire le cheval en seront la base.

N'est-il pas, en effet, évident que si le cavalier appelé à travailler au galop allongé ne se rend pas parfaitement compte de la manière dont se conduit le cheval et si, s'en rendant compte, il ne peut, à cause de sa raideur, son manque d'assiette, se servir de ses aides sans à-coup, n'est-il pas évident, disons-nous, qu'il contrariera constamment et sans s'en douter les mouvements de sa monture ?

Le travail au galop allongé apparaît donc comme le résultat rationnel et naturel d'une bonne méthode de dressage pour le cheval et d'une instruction bien raisonnée du cavalier.

La méthode de dressage qui, en assouplissant toutes les articulations, en rendant les mouvements des membres faciles, met le cheval à même d'utiliser ses forces dans le sens du mouvement, en fortifiant ses muscles, lui donne la vigueur nécessaire pour supporter longtemps sans fatigue de sérieux efforts.

La méthode d'instruction, qui, en mettant le cavalier à même de juger de l'effort demandé à sa monture, le place dans les conditions voulues pour l'exiger en ménageant ses forces.

En résumé, le travail au galop allongé, son emploi dans les manœuvres seront, pour le chef de corps qui aura su diriger le dressage de ses chevaux et l'instruction de ses cavaliers, la récompense certaine de son travail de toute l'année.

DE LA CHARGE

C'est le galop le plus vite ; pour l'obtenir, il faut :

1° Donner le point d'appui au cheval pour lui permettre d'allonger son encolure tout en gardant la possibilité de le diriger ;

2° Porter le poids du corps en avant pour favoriser la vitesse de l'allure en chargeant l'avant-main ;

3° Fixer plus que jamais le corps sur la selle ;

4° Avoir l'éperon prêt à agir.

Pour cela, le cavalier doit chausser les étriers jusqu'à la garde, fixer les genoux en en levant l'assiette. Ainsi soutenu sur les étriers et par les genoux, le corps se penchera légèrement en avant. La main ou les mains qui tiennent les rênes se porteront en avant sans abandonner le cheval.

Cet exercice doit d'abord se faire avec les rênes séparées, deux dans chaque main.

Pour apprendre aux cavaliers à faire charger leurs chevaux, l'instructeur s'y prend exactement de la même manière que pour donner la leçon de l'éperon.

Toute sa préoccupation doit consister à obtenir du cheval le maximum de vitesse. (V. *Leçon de l'éperon.*)

Nota. — Lorsque le cavalier a le sabre à la main, il doit allonger le bras droit, la pointe du sabre dirigée à hauteur de l'œil du cheval et en dépassant la tête, la main droite un peu plus basse que la pointe.

FAIRE SORTIR LE CHEVAL DU RANG

Nous venons d'indiquer ce qu'il faut faire pour marcher au pas plus ou moins allongé, plus ou moins court et pour arrêter en supposant que le cheval obéit aux aides. Mais cela ne saurait nous suffire ; il faut encore que le cavalier puisse déterminer à marcher, à se porter en avant le cheval qui s'y refuse par caprice ou ignorance.

Prenons, par exemple, le cheval qui ne veut pas sortir du rang. Le cheval traduit alors sa désobéissance en appuyant sur le rang, soit à droite, soit à gauche. Plus on le sollicite à se détacher des autres chevaux et plus il se jette dans le rang qu'il bouscule complètement si les exigences du cavalier augmentent. Pressé violemment, le cavalier n'a plus l'usage de ses jambes. L'aurait-il, qu'il ne saurait s'en servir de crainte de faire ruer son cheval et de causer des accidents. Sa situation est d'autant plus délicate que les conseils habituellement donnés, appliqués scrupuleusement, ne produisent que de mauvais résultats.

Pour prouver que les instructeurs sont généralement très embarrassés, qu'ils n'ont pas d'idées très nettes sur ce qu'il serait opportun de faire, il suffit de rappeler que *sortir du rang* fait l'objet d'un dressage particulier dont les pratiques ont pour but non pas de *forcer* le cheval à marcher et par là même à quitter le rang, mais de l'*habituer, de le dresser* à sortir du rang.

On tire alternativement l'une et l'autre rêne, on donne l'appel de langue, on répète fréquemment l'exercice, on a recours à la chambrière, voire même à la longe. En résumé, on fait un véritable dressage, comme si sortir du rang constituait un mouvement particulier, exigeant un déploiement anormal de forces et ne devant s'obtenir qu'au moyen d'actions nouvelles des aides.

Nous savons par expérience ce qui résulte généralement de ce système.

Le cheval quitte plus ou moins le rang quand on exécute posément l'exercice : *Faire sortir le cheval du rang*. Mais quand, à l'improviste, on a besoin d'un cavalier pour remplir une mission quelconque, le cheval ne le quitte plus du tout, ou, s'il s'y détermine, il y a longtemps qu'on n'a plus besoin de lui, le moment est passé.

Comment donc, au lieu d'habituer un cheval à sortir du rang, le faire marcher, même quand le rang le retient?

Pour répondre à cette question, cherchons comment se traduit la résistance d'un cheval qui ne veut pas sortir du rang.

Dans ce cas, le cheval se jette à droite ou à gauche, en pressant ses voisins de droite ou de gauche. Cette pression sur le rang peut se traduire de trois manières : ou bien le cheval presse le rang avec ses épaules, ou avec ses hanches, ou encore de tout son corps en son milieu.

Que faire pour empêcher cette pression? De quelle rêne se servir? Supposons que le cheval se jette à droite : faudra-t-il prendre la rêne gauche ou la rêne droite?

La rêne gauche ne saurait ramener le cheval à gauche, car, de deux choses l'une : ou le cheval obéira, ou il n'obéira pas à l'action de cette rêne.

S'il obéit, les épaules seront attirées vers la gauche et par conséquent les hanches iront à droite, d'où le cheval appuiera sur le rang à droite par les hanches.

S'il n'obéit pas, l'encolure dans sa résistance pèsera d'autant plus sur l'épaule droite qu'elle sera plus sollicitée à gauche. La défense augmentera.

La rêne droite au contraire nous donnera les moyens de triompher de la résistance du cheval, puisque par les effets de la *rêne droite contraire d'opposition,* nous pourrons :

1° Porter le poids de l'encolure sur l'épaule gauche, c'est-à-dire porter les épaules à gauche, par conséquent les empêcher d'appuyer à droite ;

2° Porter les hanches à gauche, c'est-à-dire les détacher du rang à droite ;

3° Enfin, porter tout le corps du cheval vers la gauche, et par conséquent l'empêcher de peser de tout son poids à droite.

Dans la pratique, il faut, aussitôt que l'on a détaché le cheval du rang à droite, l'exciter à se porter en avant par un appel de langue, un coup de mollet. Parfois, le cheval se décidera dès le début à quitter le rang ; mais généralement une fois détaché du rang à droite, il se jettera sur le rang à gauche. Il faudra alors avec la rêne gauche détacher le cheval du rang à gauche en faisant suivre l'obéissance à cette action d'un appel de langue ou d'un coup de mollet pour exciter le cheval à marcher et ainsi de suite.

Au bout de quelques instants, le cheval balancé de droite à gauche et de gauche à droite, sans avoir été attaqué, se portera en avant avec calme. Le cavalier aura triomphé rapidement, sans dressage, de sa résistance, et cela sans accident à craindre pour les voisins. Une fois de plus, il aura appliqué les principes de conduite développés plus haut, au cours de cette étude. Il aura bien agi *alternativement* sur l'une ou l'autre rêne, mais en choisissant la bonne et non pas en opérant au hasard.

Une seule difficulté sérieuse peut se présenter : c'est que le cheval soit tellement pressé sur le rang à droite, que le cavalier en soit tellement gêné, qu'il lui soit impossible d'attirer la tête du cheval à droite pour ensuite donner à l'encolure le pli à droite nécessaire pour en rejeter le poids sur l'épaule gauche.

Il ne reste plus alors qu'une seule chose à faire, c'est de détacher le cheval du rang à droite en tirant la rêne droite directe d'opposition. On lui fait ainsi exécuter une volte à droite complète sur place, puis en la terminant on excite le cheval ; peut-être se portera-t-il alors en avant ; sinon, il se jettera à gauche, on le décollera alors du rang par la rêne gauche contraire d'opposition ou, si la pression trop forte empêche le cavalier d'agir, il recommencera, au moyen de la rêne gauche directe d'opposition, une volte à gauche sur place et ainsi de suite.

Sans doute, cette volte sur place pourra mettre momentanément le trouble dans le rang, mais le cheval, incapable de résister aux actions raisonnées du cavalier, se portera bientôt en avant sans avoir rué, puisqu'il n'aura pas été attaqué et sans avoir causé le moindre accident.

Si, au lieu d'être dans le rang au moment où il refuse de se porter en avant, le cheval se trouvait partout ailleurs, il faudrait agir toujours de la même façon, car sa résistance n'a pas d'autre manière de se traduire. Il est campé du devant ou du derrière, de travers, à droite ou à gauche. L'attaquer dans cette position amènerait inévitablement des défenses dangereuses parfois, surtout si le sol est glissant, pavé, etc.

Le bon sens indique qu'il faut, en changeant la disposition de la masse du cheval au moyen de la rêne appropriée, faire disparaître sa contraction. Tantôt, ce sera la rêne directe (le rang n'est plus là, il ne gêne plus son emploi) ; tantôt, ce sera la rêne contraire.

Aussitôt que la rêne bien employée aura produit son effet, le cheval se déterminera à marcher rien qu'à l'appel de langue et, si le cavalier veut l'attaquer, il disposera alors de tous ses moyens pour annihiler les défenses de sa monture.

EMPÊCHER LE CHEVAL DE GAGNER A LA MAIN

Après avoir indiqué comment on peut déterminer à se porter en avant le cheval qui s'y refuse, il est rationnel de savoir, de chercher comment on parviendra à ralentir celui qui se presse trop, à calmer celui qui s'anime, à tenir celui qui gagne à la main, à arrêter celui qui s'emporte.

Lorque le cavalier a affaire à un cheval chaud, ardent, qui veut percer à tout prix, le grand moyen, le meilleur, est de lui laisser la plus grande liberté possible de l'encolure. *C'est le cas de mettre les rênes sur le col.*

Ainsi mené, débarrassé de la pression d'un frein qui irrite une bouche trop sensible, trop délicate, ou bien empêché de prendre sur le mors un appui qui, en portant le poids de l'encolure allongée en avant, favorise la vitesse de la marche, le cheval le plus fougueux se calme et bientôt ralentit son allure.

Mais on ne peut pas toujours abandonner complètement les rênes ; outre qu'il faut pour cela être fort bon cavalier, les circonstances dans lesquelles on se trouve peuvent s'y opposer. Le terrain manque ou bien il faut se régler sur d'autres cavaliers. Par suite, il faut absolument, et le plus vite possible, pouvoir régler la vitesse de son cheval.

Généralement, on conseille dans ce cas de relâcher les rênes puis de les reprendre, ou de se servir alternativement des rênes de filet et de celles de la bride, ou encore de scier du bridon.

Certainement, ces moyens sont bons, très bons même; mais en somme leur efficacité est limitée, car on n'est, en les employant, préoccupé que de ne pas irriter la bouche du cheval, de ne pas la rendre insensible ou de réveiller sa sensibilité, et pour cela on cherche à tromper le point d'appui que le cheval veut prendre sur le mors, et à ne pas produire à la même place une pression continue.

Pour que ces moyens soient complètement efficaces, il faut encore que les rênes maîtresses d'une bouche non exaspérée ou en contact avec une bouche encore sensible en profitent en agissant de manière à s'emparer des forces qui poussent la machine en avant. Ces forces sont dans l'arrière-main et pas ailleurs : c'est donc sur les hanches qu'il faut agir pour modérer la détente des membres postérieurs, ou s'y opposer.

Si le cheval galope à droite par exemple, il est de travers à droite, la hanche droite est en avant, l'action de la rêne droite doit avoir pour but de retenir la hanche droite en la rejetant à gauche (rêne droite contraire d'opposition).

Il peut se faire que cette opposition bien faite et se continuant suffise pour maintenir le cheval ; mais il arrivera généralement, avec un cavalier qui débute, que les hanches contraintes par la rêne droite tomberont à gauche et que le cheval repartira de plus belle au galop à gauche, il faudra alors se servir de la rêne gauche contraire d'opposition pour renvoyer les hanches à droite et ainsi de suite.

Un cavalier sans assiette, sans mesure, rejettera donc les hanches de droite à gauche et de gauche à droite, mais il parviendra quand même à ralentir son cheval s'il a le soin de produire entre chaque action isolée une action rétrograde des deux rênes réunies. Le cheval sera en l'air, mais il ne gagnera plus à la main.

Le cavalier expérimenté, lié à son cheval, maître de ses actions, maniant ses rênes avec justesse, se rendra rapidement maître des hanches de son cheval, et le réglera ensuite à sa guise, en arrêtant et rendant, etc., etc.

Si le cheval est au trot, il s'agira d'empêcher une épaule de dépasser l'autre, les hanches de tomber, soit à droite, soit à gauche. Le moyen est identiquement le même : rêne contraire d'opposition du côté où le cheval veut se traverser.

Le cavalier habile sent dans son assiette de quel côté le cheval va gagner, qu'il soit au trot ou au galop, et instinctivement, pour ainsi dire, il produit l'action nécessaire sur la rêne correspondante.

Pour le cavalier inexpérimenté qui n'a pas cette ressource, il faudra lui faire remarquer que toujours le cheval tire davantage sur la rêne du côté où il se traverse, où l'épaule va devancer l'autre. C'est sur cette rêne qu'il doit agir.

Certains cavaliers racontent qu'il leur est arrivé de monter des chevaux qui les emmenaient au pas. Tout est possible quand le cheval est maître de son cavalier.

Lorsque par hasard cette singulière exception se produira, il n'y a pas d'autres moyens à employer que ceux qui viennent d'être indiqués.

Mais il est malheureusement plus vrai, et cela arrive trop fréquemment, de voir certains chevaux affolés s'emporter à toute allure. Excités par leur course, effrayés par une cause quelconque, maladresse de leur cavalier, actions irrationnelles, brutales de sa part, ils perdent la tête et, raidis de tout leur corps, ils fuient droit devant eux, n'y voyant plus.

Tirer sur les rênes lorsqu'un cheval est ainsi insensible à toute action, c'est vouloir lui donner le moyen de filer encore plus vite. Exaspéré par le mors qui offense sa mâchoire, son effroi augmente, il se raidit davantage pour moins souffrir, sa vitesse s'accélère, aucun obstacle ne peut plus l'arrêter : il ira se précipiter dans un abîme sans hésitation, ou se briser contre un mur.

Dans ce cas et tout d'abord, il faut que le cavalier ne perde pas la tête, qu'il examine son terrain et se rende bien compte de la situation. A-t-il de l'espace devant lui, qu'il donne alors au cheval de la liberté, qu'il laisse l'encolure s'allonger, se décontracter d'elle-même, puis, quand il sent que sa monture se calme ou se fatigue, qu'il cherche à reprendre la bouche comme nous l'avons indiqué plus haut, en pensant toujours à l'action à produire sur l'arrière-main.

A-t-il de l'espace sur les côtés, qu'il cherche, après avoir donné de la liberté à son cheval, à le diriger progressivement à droite ou à gauche, selon qu'il sent que la contraction est à droite ou à gauche, afin d'arriver à faire prendre à sa monture la ligne circulaire, il pourra alors sur le cercle reprendre la bouche de son cheval, en se préoccupant toujours de l'arrière-main.

Ainsi mené, le cheval se calmera, ralentira et finira par s'arrêter sans qu'il y ait eu entre les mains du cavalier et la bouche du cheval une lutte dont celui-ci serait certainement sorti vainqueur.

Mais si l'espace manque en avant et sur les côtés, ou si le terrain trop glissant empêche de tourner, que faire? Évidemment, les moyens sages, raisonnés, qui demandent du temps, ne sont plus de mise. A tout prix, il faut s'arrêter. Il faut lutter de force avec son cheval.

C'est alors que l'on scie du bridon, de la bride, que l'on casse les barres, s'il le faut, pour sauver sa vie.

En ayant soin d'agir avec les mains le plus haut possible pour rompre la détente des jarrets et du rein en élevant l'encolure.

Heureux si ces moyens réussissent! Quatre-vingt-dix-neuf fois sur cent, le cheval s'écrabouillera; quelquefois, il cassera dans sa chute la tête de son cavalier. Il sera trop tard alors pour lui de s'attacher à s'opposer, par une application rationnelle des principes raisonnés de la conduite du cheval, aux défenses de son cheval, de les prévoir et de se mettre ainsi lui et sa monture à l'abri des accidents.

FAIRE RECULER LE CHEVAL

Pour la marche en arrière, le cavalier doit se proposer deux choses : d'abord de déterminer son cheval à reculer, ensuite de le diriger dans son recul, c'est-à-dire de le maintenir sur la ligne qu'il veut suivre et de le maintenir droit sur cette ligne.

Dans la *Méthode de dressage*, au chapitre IV, les moyens dont dispose le cavalier pour faire reculer son cheval ont été indiqués tout au long. Nous avons prouvé que le déplacement des hanches nécessaire pour obtenir le recul doit s'obtenir par des oppositions des épaules aux hanches et que l'on doit être très sobre des actions des jambes, sous peine de rendre le cheval froid à la jambe, ou même, avec de mauvais cavaliers, des commençants, rétif à la jambe ; de telle sorte que, sous la pression des jambes, le cheval recule au lieu d'avancer.

Pour diriger le cheval dans son recul, c'est encore et surtout aux rênes qu'il faut avoir recours.

Si le cheval jette ses hanches à droite, il faut se servir, pour le remettre droit, de la rêne droite directe d'opposition ; s'il les jette à gauche, de la rêne gauche directe d'opposition.

Si le cheval se jette tout à fait en dehors de la ligne, à droite par exemple, c'est encore avec la rêne droite contraire d'opposition, au besoin aidée de la jambe droite, que le cheval sera ramené sur la ligne, et s'il se jette à gauche, c'est la rêne gauche contraire d'opposition et la jambe gauche qui devront agir.

Enfin, pour faire tourner le cheval en reculant, ou lui faire suivre une ligne circulaire, il faudra se servir de la rêne gauche directe d'opposition pour tourner à droite et, réciproquement, de la rêne droite directe d'opposition pour tourner à gauche.

Si, en agissant ainsi, le cavalier a l'attention de ne

pas tirer d'une manière continue sur ses rênes, mais au contraire d'arrêter et rendre (comme dit l'ordonnance); si, de plus, dans ses actions de rênes, il met la mesure nécessaire pour ne pas faire reculer son cheval précipitamment, il pourra sans inconvénient aucun prolonger le recul. Il est impossible, en effet, d'acculer le cheval ou de le mettre sur les jarrets, puisque l'action d'opposition de la rêne a au contraire pour résultat de mobiliser ses hanches en lui faisant baisser la tête.

Il faudra faire reculer souvent et longtemps pour faire saisir au jeune cavalier l'effet produit sur les hanches par les oppositions des rênes.

Pour arrêter, il suffira donc de cesser l'action des rênes, et pour passer de la marche rétrograde à la marche en avant, il faudra, après avoir cessé l'action des rênes, fermer les jambes.

Il faudra fréquemment passer de la marche rétrograde à la marche en avant, et réciproquement, car ces exercices sont excellents pour faire comprendre au jeune cavalier que dans la marche en avant les rênes dirigent le mouvement produit par les actions des jambes, tandis que dans la marche en arrière elles dirigent le mouvement qu'elles ont déterminé elles-mêmes.

CHAPITRE II

MARCHER DE TRAVERS OU APPUYER

Le cavalier qui sait marcher droit doit encore savoir marcher de travers ou appuyer, et, à première vue, il semble rationnel de lui apprendre à marcher de travers ou à appuyer après lui avoir appris à marcher droit et non avant. Or, en réalité, ces deux exercices s'apprennent en même temps ; d'ailleurs, tourner à droite, à gauche, marcher droit, appuyer, au point de vue de l'application des aides, ne font qu'un. On apprend à appuyer en étudiant les actions des aides et on appuie en forçant son cheval à suivre une ligne, en le disposant pour prendre le galop (chapitre Ier), de telle sorte que lorsqu'il s'agit, dans un chapitre spécial, de parler de l'appui, il n'y a plus rien à dire.

Nous pourrions donc renvoyer le lecteur au chapitre précédent. Si nous préférons expliquer dans un chapitre spécial les manières d'obtenir l'appui, c'est pour lui éviter des recherches en résumant en quelques mots les moyens à employer.

Dans l'appui, le cheval marche suivant deux pistes : l'une suivie par les membres antérieurs, l'autre tracée par les membres postérieurs.

Pour obtenir ce traverser, cette déviation des hanches, *à droite, par exemple,* il faut se servir soit de la rêne gauche contraire d'opposition (5e effet), soit de la rêne droite contraire d'opposition (4e effet).

Dans le premier cas, la base de l'encolure est portée sur l'épaule droite, la colonne vertébrale est ployée à gauche, les hanches sont, par opposition de la tête, chassées vers la droite. Tout le côté droit du cheval est donc surchargé; le mouvement, s'il existe, au lieu de se traduire en avant, se traduit sur le côté vers la droite. Les deux jambes doivent l'entretenir; si l'une doit agir plus que l'autre, ce sera la jambe gauche ; le poids du corps du cavalier se porte en avant et à droite sur l'épaule droite qui entraîne toute la machine : c'est l'appuyer du commencement pour le cheval que l'on gymnastique et le cavalier qui débute. Il résulte d'une judicieuse disposition du poids. C'est l'épaule en dedans (voir *Dressage du cheval,* chapitre Ier), dans laquelle le membre antérieur gauche, quoique en arrière du membre antérieur droit, chevauche par-dessus lui sous l'empire de la masse qui l'entraîne.

C'est le mode d'appuyer qui nous a permis de remettre sur sa direction le cheval qui s'en écarte.

C'est encore le moyen qui nous a procuré le départ au galop par les *actions latérales.*

Dans le deuxième cas, la base de l'encolure est retenue sur l'épaule gauche, la colonne vertébrale est ployée à droite, les hanches sont, par l'opposition des épaules, refoulées vers la droite. Le cheval se met de travers à droite. Mais une partie du poids se trouve à gauche sur l'épaule gauche et l'autre à droite sur la hanche droite, de telle sorte que le cheval ne pourra progresser vers la droite que si les hanches plus chargées l'emportent sur les épaules allégées.

Non seulement les jambes doivent entretenir le mouvement, mais elles doivent encore agir pour produire l'engagé des membres postérieurs sous la masse, la jambe gauche plus que la jambe droite pour contre-balancer l'action rétrograde de la rêne droite.

C'est l'appuyer du cheval assoupli, gymnastiqué, dans lequel le membre antérieur droit, quoique en arrière du membre antérieur gauche, entame facilement la marche, parce qu'il est moins chargé que son voisin et qu'il est enlevé par le membre postérieur gauche.

C'est le mode d'appuyer qui nous a permis d'obtenir le départ au galop par les *actions diagonales*.

Quel que soit le degré de légèreté d'un cheval, il y aura toujours des circonstances où le cavalier devra avoir recours au premier moyen, principalement lorsqu'il voudra appuyer sans gagner du terrain en avant ou encore appuyer en reculant, ce que tout cavalier militaire doit savoir faire, quand cela ne lui servirait qu'à reprendre sa place dans le rang lorsqu'il a dépassé l'alignement en se jetant plus ou moins à droite ou à gauche.

Le premier moyen (actions latérales) sert encore à empêcher le cheval de ralentir l'allure en appuyant, il donne aussi la facilité de prolonger indéfiniment pour ainsi dire la marche de travers.

Nota. — Certains cavaliers, quand ils cherchent à faire appuyer leur cheval ou à apprendre à leurs élèves à appuyer, ne sont préoccupés que de deux choses : c'est, d'une part, que le cheval regarde du côté vers lequel il appuie, et, d'autre part, que les hanches ne devancent pas les épaules. Le reste les préoccupe peu, parce qu'ils ne se sont pas rendu compte des actions à employer pour faire appuyer le cheval. Ils se souviennent avoir entendu l'écuyer dans son manège dire de temps à autre que le cheval doit regarder du côté vers lequel il marche, que les épaules doivent marcher les premières ; ils n'en demandent pas davantage, ils répètent de confiance la leçon. Tant pis s'ils n'obtiennent qu'un semblant d'appuyer, si les hanches ne veulent pas tracer une deuxième piste, sortir de la ligne suivie par les épaules.

Et si, par hasard, on leur fait remarquer qu'ils n'appuient pas ou du moins si peu que cela n'en vaut pas la peine, alors ils jouent de l'éperon. Le cheval n'appuie pas davantage, mais en revanche il rue à la botte, se défend, se met en l'air et, après quelques jours de ce joli travail, ne veut plus céder à la jambe, il appuie dessus. « Mon cheval est raide de tel ou tel côté, constate le cavalier, c'est étonnant! »

Le cheval, hélas! n'y est pour rien. La véritable cause est que le cavalier a confondu la fin avec le commencement, il a mis la charrue devant les bœufs en se servant, pour gymnastiquer son cheval, de l'appui du deuxième moyen (actions diagonales), qui ne peut servir qu'avec un cheval assoupli et obéissant aux jambes.

CHAPITRE III

DES MOUVEMENTS SUR PLACE

DEMI-TOUR SUR LES ÉPAULES. DEMI-TOUR SUR LES HANCHES

Les actions nécessaires pour l'exécution de ces mouvements seraient assez difficiles à faire comprendre à l'élève s'il en était encore à se demander comment on peut obtenir le déplacement de l'avant-main ou de l'arrière-main ; mais il a appris cela dès le début en étudiant les actions des aides, en en faisant l'application pour maintenir le cheval droit sur la ligne parcourue, pour partir au galop, appuyer, reculer, etc. Les actions sont les mêmes ou à peu de chose près si, au lieu de déplacer les épaules ou les hanches en marchant, il s'agit de le faire de pied ferme.

Demi-tour sur les épaules.

Dans le demi-tour à gauche sur les épaules, les hanches décrivent un demi-cercle autour du membre antérieur gauche.

Or, il y a trois manières de ranger les hanches vers la droite :

1° Rêne gauche directe d'opposition ;

2° Rêne gauche contraire d'opposition (5e effet) ;

3° Rêne droite contraire d'opposition (4e effet).

La rêne gauche directe d'opposition a toutefois l'inconvénient, en déplaçant les hanches vers la droite, d'attirer les épaules à gauche, tandis que la rêne gauche contraire d'opposition (5e effet), en déplaçant les hanches vers la droite, envoie les épaules du même côté (à droite) ; enfin, la rêne droite contraire d'opposition (4e effet), en déplaçant les hanches vers la droite, refoule les épaules à gauche. Il en résulte, de toute évidence, que le demi-tour à gauche sur les épaules peut s'obtenir de deux manières :

1° Rêne gauche directe d'opposition corrigée par la rêne gauche contraire d'opposition (5e effet) ;

2° Rêne droite contraire d'opposition (4e effet) corrigée par la rêne gauche contraire d'opposition (5e effet)

Dans l'un et l'autre cas, les hanches sont chassées vers la droite ; c'est la jambe gauche qui doit agir et le poids du corps du cavalier doit se porter à droite et en avant sur l'épaule droite, sens du mouvement. Il ne saurait y avoir aucun intérêt à ce que le mouvement se fasse très lentement ; il se fait à la cadence de l'allure à laquelle l'on travaille, d'autant plus vite que le cheval est plus assoupli et que le cavalier, plus maître de ses actions de rênes, les combine avec plus de précision pour maintenir les épaules en place.

Demi-tour sur les hanches.

Dans le demi-tour à gauche sur les hanches, les épaules décrivent un cercle autour du membre postérieur gauche.

Or, trois moyens pour déplacer les épaules vers la gauche :

1° Rêne gauche directe ;

2° Rêne droite contraire d'opposition (4° effet) ;

3° Rêne droite contraire d'opposition (5° effet).

La rêne gauche directe d'ouverture ne saurait suffire.

Mais la rêne gauche directe d'opposition, en amenant les épaules à gauche, a l'inconvénient de jeter les hanches à droite ; de même, la rêne droite contraire d'opposition (4° effet), en refoulant les épaules à gauche, jette les hanches à droite. Enfin, la rêne droite contraire d'opposition, en envoyant les épaules vers la gauche, chasse les hanches du même côté. Il faudra donc agir avec la rêne droite contraire d'opposition dans une direction intermédiaire entre le 4° et le 5° effet, de façon à porter les épaules vers la gauche, sans rejeter les hanches à gauche ni à droite. Il est d'ailleurs évident que la jambe gauche n'aura pas à agir ; son action viendrait augmenter l'inconvénient que nous faisons remarquer dans l'effet de la rêne directe en contribuant à jeter les hanches à droite. Au contraire, la présence de la jambe droite sera utile pour s'y opposer. Le poids du corps du cavalier se portera à gauche et en arrière pour fixer la hanche gauche.

Le mouvement pourra se faire vite, très vite, en une véritable pirouette, cela dépendra de la souplesse du cheval et de l'habileté du cavalier.

En résumé, le demi-tour sur les épaules se fait de deux manières, actions latérales et actions diagonales :

Demi-tour à gauche, rêne gauche, jambe gauche, ou rêne droite, jambe gauche.

Le demi-tour sur les hanches ne peut se faire qu'au moyen des actions latérales :

Demi-tour à gauche : rêne droite, jambe droite, et inversement pour le demi-tour à droite.

DEMI-TOUR SUR PLACE

Le *demi-tour sur les épaules* est un exercice qui, bien fait et rapidement exécuté, prouve la soumission du cheval à la jambe et la souplesse de ses hanches. Il ne saurait avoir son application dans la conduite habituelle du cheval.

Le *demi-tour sur les hanches* est un exercice qui, bien fait et rapidement exécuté, prouve la légèreté de l'avant-main, la souplesse des épaules, la force du rein et aussi la soumission des hanches. Il trouve son application dans la conduite du cheval.

La pirouette est, en effet, pour le cavalier habile, le moyen le plus rapide de faire face en arrière.

Entre ces deux demi-tours, dont l'un, le premier, n'est pas applicable, et l'autre, le second, est d'une application difficile, il en existe un troisième qui n'est autre que le *demi-tour sur place,* dans lequel, le cheval tournant autour d'un pivot qui passerait par l'assiette du cavalier, les épaules se portent d'un côté et les hanches de l'autre. C'est le demi-tour habituel. Cette manière de tourner est d'une application constante.

Il semble donc rationnel d'apprendre au cavalier comment il doit se faire et de lui indiquer quand il pourra le faire exécuter régulièrement à son cheval.

Pour l'exécuter, il faut attirer les épaules d'un côté, *à droite,* par exemple, et envoyer les hanches de l'autre côté, soit *à gauche.*

La rêne droite directe d'opposition remplit ce double office et produit généralement ce double effet sur le cheval, quelle que soit sa raideur, dès le début, par conséquent, de son dressage.

Peu à peu, à mesure que le cheval supporte la jambe, celle-ci vient associer son effet à celui de la rêne et le cheval tourne à droite en amenant ses épaules à droite et jetant ses hanches à gauche, sous l'action de la rêne et de la jambe droites.

Reste à savoir si le cheval a tourné sur place ou bien, si l'on veut, si le cavalier peut régler le tourner de son cheval en agissant de la sorte. Nous répondrons : *difficilement* et *souvent non.*

Difficilement, car la courbure donnée à l'encolure, dans le but de produire l'opposition de l'avant-main à l'arrière-main, ou mieux des épaules aux hanches, est délicate à régler. Il ne faut pas oublier que la rêne est attachée au bout du nez du cheval et non à son épaule droite et qu'il faut une certaine habileté pour la tirer juste dans le sens nécessaire pour amener les épaules dans la direction voulue.

Souvent non, car pour peu que le cheval résiste à la rêne par raideur ou distraction, il tournera à droite en fuyant des épaules à gauche et déroulant sa colonne vertébrale vers la gauche, ou même ne tournera pas du tout, ainsi que nous l'avons expliqué plus haut. L'action latérale est donc en défaut et il faut, bon gré mal gré, avoir recours à l'*action diagonale.*

Et cette fois encore on tournera à droite en plaçant le cheval à gauche, au grand scandale de bien des cavaliers !!!

Au risque de nous répéter, nous dirons encore une fois qu'en effet la rêne gauche contraire d'opposition (4e effet), courbant l'encolure à gauche, en place le poids sur l'épaule droite qu'elle peut à sa guise diriger à droite, en avant et à droite, et *en arrière et à droite,* avec, pour cette dernière direction, une précision extrême, puisqu'elle est tirée en arrière à droite, c'est-à-dire vers l'épaule elle-même. L'opposition des épaules jette alors les hanches à gauche, et la jambe droite vient aider à l'action de la rêne.

Le cheval, complètement ployé à gauche, tourne à droite et le cavalier est libre de régler ces mouvements à sa guise, car il est absolument maître des épaules de son cheval, à condition, bien entendu, que le cheval soit souple d'épaules et de hanches.

Le cavalier pourra alors exécuter le demi-tour sur place, ou le tour complet, ou plusieurs tours de suite, tant qu'il en voudra.

Il pourra exécuter ce même mouvement en reculant, en marchant, en serrant plus ou moins son tourner, sa volte. En résumé, il se sera emparé de la souplesse des épaules et des hanches de son cheval (qu'il avait jusqu'à présent cherché à obtenir soit par des appuyer sur la ligne droite, sur le cercle, soit par des demi-tours sur les épaules, sur les hanches) pour en tirer le parti usuel, rationnel, indispensable à la bonne conduite du cheval, dont on ne peut se servir agréablement pour soi et avec supériorité sur des adversaires qu'à la seule condition de pouvoir lui faire prendre facilement, instantanément et avec précision la direction que les nécessités du commandement ou les chances d'un combat, d'une joûte équestre (si l'on veut) imposent.

Nota. — Le lecteur, le cavalier n'oublieront pas que vouloir agir diagonalement avant d'avoir produit l'assouplissement des épaules et des hanches par les actions latérales amène la rétivité ou du moins les défenses.

Nous l'avons déjà dit maintes fois plus haut, mais nous le répétons encore, pour chercher, par tous les moyens et chaque fois que l'occasion semble s'y prêter, à faire entrer cet axiome dans les mœurs de nos cavaliers.

APPLICATION DE L'ÉTUDE DU DEMI-TOUR SUR PLACE PAR LES ACTIONS DIAGONALES A LA CONDUITE LÉGÈRE DU CHEVAL

Si l'on a bien compris ce que nous venons de dire, il s'ensuit que le cavalier dirige facilement son cheval vers la droite avec la rêne gauche, parce qu'avec cette rêne il peut placer à sa guise le poids de l'encolure sur l'épaule droite ; et par conséquent, parce qu'au moyen de cette rêne gauche il empêche le poids de l'encolure de peser sur l'épaule gauche, ce qui l'entraînerait vers la gauche.

Voici le *point important :* empêcher le cheval de porter son encolure sur telle ou telle épaule ; c'est bien pour le cavalier la même chose que mettre à sa guise le poids de l'encolure sur telle ou telle épaule, ou encore pour renfermer les deux idées dans une même phrase, c'est pour le cavalier se rendre *maître des épaules*.

Nous disons que là est le point important, le but de l'assouplissement du cheval, le point capital de la science de l'écuyer : *se rendre maître des épaules du cheval*.

Pour le prouver, prenons des exemples, et étudions successivement ce qu'il faudra faire dans chaque cas particulier pour triompher des résistances du cheval, le diriger.

1° *Le cheval suivant une ligne droite ou courbe se jette à droite, fuit de ce côté.* Pour ce faire, il porte son poids totalement à droite, c'est-à-dire sur les épaules et sur les hanches, ou partiellement, c'est-à-dire sur les épaules seulement ou sur les hanches seulement. *S'il porte le poids totalement à droite,* la rêne droite contraire d'opposition (5e effet) le replacera sur la ligne suivie en reportant le poids totalement à gauche, en agissant d'abord sur les épaules pour les porter vers la gauche, pour ensuite par opposition rejeter les hanches à gauche.

S'il porte le poids partiellement à droite sur les épaules, la rêne droite contraire d'opposition (4e effet) remettra le poids de l'encolure sur l'épaule gauche.

S'il le porte partiellement à droite sur les hanches, ce sera encore la rêne droite contraire d'opposition (5e effet) qui, en portant les épaules en avant et à gauche, remettra les hanches en place.

2° *Le cavalier veut faire tourner le cheval à gauche :* c'est encore la rêne droite contraire d'opposition (4e effet) qui dirigera les épaules sur la nouvelle ligne, et si le cheval se jette trop brusquement à gauche, ce sera la rêne gauche contraire d'opposition (4e effet) qui reportera les épaules à droite.

3° *Le cheval pèse à la main à droite :* c'est par la rêne droite qu'on détruira la contraction du cheval, soit qu'elle vienne des hanches ou des épauches, mais dans les deux cas en mettant le poids de l'encolure sur l'épaule gauche.

4° *Le cavalier veut faire partir le cheval au galop sur le pied droit :* ce sera la rêne droite contraire d'opposition (4e effet) qui chargera l'épaule gauche et fera tomber les hanches à droite.

5° *Le cavalier galopant sur le pied droit veut reprendre le trot,* rêne gauche, contraire d'opposition (4e effet) : pour charger l'épaule droite et faire tomber les hanches à gauche.

6° *Même action pour le changement de pied,* en l'accentuant davantage pour faire tomber les hanches à gauche.

7° Enfin, si le *cavalier veut en reculant se diriger à droite,* ce sera la rêne droite contraire d'opposition (4e effet) qui dirigera les hanches à droite par l'opposition de l'épaule reculant en arrière à gauche.

Dans ces différents cas, le cavalier est maître de la direction, maître de l'allure, par l'action diagonale ; le cheval est léger à la main, parce que les mouvements des épaules sont absolument sous la domination de la main du cavalier.

Si ceci est vrai (nous doutons que l'on puisse nous contredire), il nous reste à dire comment le cavalier devra travailler son cheval sur les actions diagonales qui doivent donner au cheval le fini du dressage et au cavalier, la finesse de la conduite.

Ce travail devra se faire sur des lignes courbes, le cheval toujours mené par la rêne du dehors, c'est-à-dire le cheval tournant à droite sous l'action de la rêne gauche et de la jambe droite, et réciproquement.

Sur les lignes droites, le travail serait peu précis et très difficile.

Peu précis. Supposons, en effet, qu'un cheval marchant à main droite soit exercé à placer l'encolure sur l'épaule gauche par l'action de la rêne droite, avec les hanches à droite.

Dans cette position, le cheval sera oblique la tête au mur, il appuiera donc vers la droite et il faudra que le cavalier soit fort habile pour juger s'il marche courbé à droite, l'épaule gauche portant le poids de l'encolure, ou au contraire s'il ne fuit pas vers la droite. De plus, le cheval se sera mis de travers, parce que les hanches se seront mises à droite en dedans de la piste et non pas parce que les épaules auront été portées à gauche, ce qui est difficile ou mieux impossible, puisque le mur empêche. Il faudrait tout au moins, travaillant le cheval sur l'action diagonale, lorsque l'on suit la piste, amener les épaules en dedans du manège, c'est-à-dire travailler toujours le cheval sur l'action diagonale du dehors.

Difficile, car au trot et même au pas avec un cheval chaud, il sera difficile de l'empêcher de prendre le galop.

Au contraire, *sur une ligne courbe,* tournant à gauche par exemple, la rêne droite aura toute facilité pour diriger les épaules vers la gauche et faire tomber les hanches à droite. Comme elle ne saurait le faire qu'en déchargeant l'épaule droite, le cavalier le moins habile se rendra facilement compte de ce qu'il fait. Il ne lui sera pas possible de confondre l'action diagonale droite avec l'appuyer à gauche, ou l'appuyer à droite. De plus, il n'y aura pas crainte de voir le cheval s'enlever au galop à droite, sa position sur le cercle à gauche lui rendant le départ difficile.

Il semble inutile de dire que travailler un cheval sur l'action diagonale du côté vers lequel on tourne n'est pas admissible au début, puisqu'elle doublerait ainsi les difficultés à plaisir, autant pour arriver à mettre sur l'épaule droite le poids de l'encolure d'un cheval qui tourne à gauche que pour l'empêcher de prendre le galop de ce côté.

D'où il suit que pour travailler un cheval par les actions diagonales droite ou gauche, la figure employée est le huit de chiffre composé de voltes (successivement faites en sens inverse), ou la serpentine, c'est-à-dire une succession de demi-voltes faites en sens inverse.

Quand, à la suite de ce travail exécuté au trot, il suffira d'une simple indication de rêne droite pour tourner à gauche, et réciproquement, le cheval sera fini ; il pourra travailler léger au galop juste ou faux, peu importe. Le cheval sera mis à toutes mains.

Tel est le véritable dressage, la saine équitation qui met une monture préalablement débourrée à même d'être montée agréablement par n'importe qui.

Or, généralement le cheval n'est agréable que pour celui qui l'a dressé, les autres ne savent comment mener un cheval qui a appris une leçon ou marche suivant certaines ficelles.

Le choix est facile à faire entre notre méthode où rien n'est laissé au hasard, où rien n'est mystérieux, où les résultats découlant de la souplesse des hanches et de celle des épaules sont certains et celle ou celles où rien n'est compris, où tout se fait par ouï-dire, où l'on s'occupe beaucoup de l'intelligence du cheval et peu de celle du cavalier, où les résultats problématiques, même pour le cavalier qui se soumet à une besogne aussi ingrate, sont absolument nuls pour ceux qui sont obligés de se servir de cette bête qui a appris péniblement sa leçon.

CHAPITRE IV

DE L'ÉPERON — DU DEMI-TEMPS D'ARRÊT

Tout cheval de selle doit être franc à l'éperon, c'est-à-dire qu'à son approche, le cheval doit se porter en avant s'il est arrêté, augmenter son allure s'il est en marche, et qu'à son attaque il doit répondre par un effort énergique, soit pour courir à toute vitesse, soit pour franchir un obstacle sérieux, soit pour passer au travers d'objets qui l'effraient.

Cependant, il nous arrive à chaque instant d'entendre nombre d'officiers prescrire au cavalier, dont le cheval refuse de se livrer, de ne pas *employer l'éperon.*

Mais alors à quoi bon discuter à perte de vue sur le cas épineux de savoir si l'éperon est une aide ou un moyen de châtiment ou les deux à la fois, puisqu'on ne doit pas s'en servir ?

Et si dans les cas épineux toute la science de l'instructeur consiste à crier sur tous les tons : *Surtout pas d'éperons, pas d'éperons!* à quoi bon porter des éperons ?

Nous croyons au contraire que l'éperon est la ressource suprême du cavalier, digne de ce nom, et que tant que nos cavaliers porteront des éperons, tant qu'ils ne les auront pas échangés contre le fouet du Cosaque, il leur faudra, ainsi que le veut le règlement, des molettes de bon acier à pointes tranchantes et bien aiguisées, afin qu'ils produisent un effet utile lorsque le cavalier aura à pincer des éperons.

Seulement, il faut lui apprendre à s'en servir. Certes, pour faire usage de l'éperon, il faut assurer le corps, se lier au cheval des cuisses et des jambes; mais la même recommandation doit se faire au cavalier qui se prépare à sauter un obstacle ou qui a à résister à un saut de gaieté, ruade, etc., et cela ne nous apprend pas grand'chose. Nous admettons aussi qu'il faut rendre la main et appliquer les éperons en arrière des sangles, et *après ?* Si le cheval n'obéit pas, que faire? Recommencer et ainsi de suite jusqu'à ce que, de guerre lasse, l'instructeur crie : *Pas d'éperons, laissez les éperons !* ou qu'il se décide à aller chercher un caveçon pour donner au cheval la leçon très problématique de l'éperon.

En attendant, le cheval est resté en arrière de l'obstacle ; il a refusé de marcher, et si cette désobéissance se produit en campagne, que faire d'un animal qui, au moment de charger, ne répond pas à l'éperon ?

Fort heureusement ces résistances du cheval à l'éperon sont faciles à détruire au moyen des rênes, et plus que jamais c'est le cas d'employer les effets d'opposition.

Le cheval qui résiste à l'éperon peut traduire sa désobéissance : 1° en ruant sans allonger l'allure, même en la ralentissant ; 2° en s'arrêtant pour se défendre sur place, ruer, se cabrer, etc.

1° *Le cheval rue sans allonger l'allure.* Pour ruer, le cheval baisse la tête, allonge l'encolure et généralement détache la ruade de travers, soit par habitude, soit du côté où l'éperon le pique plus fortement. Pour l'en empêcher, il faudra donc d'abord relever sa tête par une opposition de rênes, jeter ses hanches du côté opposé en les entraînant en avant, puis attaquer aussitôt et vivement des éperons en portant le corps en arrière.

Ainsi, si le cheval rue à droite, l'action de la rêne droite contraire d'opposition (5e effet), en relevant la tête portera le poids du cheval sur le côté gauche, qui se trouvera ainsi dépasser le côté droit, les épaules portées en avant et à gauche entraîneront les hanches de ce côté; si à ce moment l'attaque des éperons se produit, le cheval, ne pouvant ni baisser la tête, ni se traverser à droite, sera forcé d'y répondre.

Si le cheval rue à gauche, l'action de la rêne gauche contraire d'opposition (5e effet), combinée ave la retraite du corps en arrière et l'attaque des éperons, produira le même résultat.

Si le cheval détache la ruade droit en arrière, il faudra agir de la même manière, en se servant indistinctement de la rêne droite ou de la rêne gauche.

2° Le cheval s'arrête pour se défendre sur place, ruer ou se cabrer, reculer ou appuyer. S'il s'agit de la ruade, il faudra agir exactement comme nous venons de le dire. S'il s'agit de la cabrade, il faudra, avant d'attaquer des éperons, empêcher le cheval de fixer l'arrière-main. N'est-il pas évident que si l'arrière-main est mobilisée, si elle n'est pas fixée au sol, le cheval ne pourra pas se cabrer?

Donc, encore une fois, opposition de la rêne droite directe ou de la rêne gauche directe pour déplacer les hanches, le corps en avant pour charger l'avant-main, puis, dès que les hanches ont été déplacées, attaquer des éperons.

Nous disons: *encore une fois,* car cela a déjà été expliqué dans le (*Dressage du cheval,* chapitre des Défenses).

NOTA. — Avant de continuer et puisqu'il est question de la cabrade, nous tenons à faire remarquer que le cheval peut se cabrer et se cabrer droit, quelle que soit la position de la tête et de son encolure.

Voyez l'étalon s'approcher de la jument : il se cabre et marche sur ses membres postérieurs, l'encolure rouée, la tête placée, il fait le beau. Au cirque, le cheval qui, fortement enrêné, s'enlève à la chambrière, prend la même position.

Le cheval qui joue dans la prairie se cabre de même et pirouette sur les jarrets à droite, à gauche, l'encolure rouée, la tête tournée à gauche ou à droite.

Sans doute, le cheval qui, dans sa cabrade, a l'encolure placée, est plus solide sur ses membres postérieurs que celui qui se cabre l'encolure allongée ou renversée en arrière. Le deuxième, s'il s'abat, aura des chances pour se renverser sur son cavalier, tandis que le premier, en tombant, l'écrasera par côté.

Il n'y aura pas finalement grande différence.

Il ne faut donc pas chercher à empêcher un cheval de se cabrer en lui donnant une position particulière de tête, mais bien en mobilisant ses hanches.

Dès lors, pourquoi donc mettre une martingale au cheval qui a l'habitude de se cabrer, puisque cet appareil ne saurait l'en empêcher, tandis qu'il enlèvera au cavalier les actions des rênes directes, indispensables pour mobiliser l'arrière-main et empêcher la cabrade?

Nous avons voulu saisir en passant cette nouvelle occasion de condamner la martingale. (Voir plus haut, page 98, *Tenue des rênes avec une main.*)

Si le cheval appuie de côté, en serrant son cavalier sur le mur du manège, sur les arbres, les poteaux qui ferment le terrain, les maisons, trottoirs, il faudra agir comme nous l'avons expliqué pour *sortir le cheval du rang,* puis, une fois le cheval décollé, pincer des deux. (Voir plus haut, page 143, *Faire sortir le cheval du rang.*)

Enfin, *si le cheval recule,* il y a tout à parier qu'il reculera de travers vers la droite ou vers la gauche ; dès lors, il faudra, bon gré mal gré, revenir toujours aux mêmes actions de rêne : s'il recule à droite, rêne droite contraire d'opposition (5e effet); rêne gauche contraire d'opposition (5e effet), s'il recule à gauche ; et s'il recule droit, l'une ou l'autre de ces rênes, puis pincer des deux.

Quand le cheval recule en se défendant, il est indiqué de porter le corps en arrière, au point de se coucher sur la croupe, afin de charger l'arrière-main et de donner ainsi plus de mal aux membres postérieurs pour se porter en arrière.

En résumé, que le cheval marche ou qu'il soit arrêté, le pincer de l'éperon doit être précédé d'une opposition judicieuse des rênes tendant à entraîner les hanches en avant, à la suite des épaules.

Mais un point capital nous reste acquis : c'est que le cheval en mouvement ne peut se défendre à l'éperon que d'une seule manière, *en ruant,* tandis que le cheval arrêté peut se défendre par la ruade, la cabrade, le recul, l'appui sur le côté.

La conclusion s'impose : c'est qu'il faut donner la leçon de l'éperon au cheval quand il est en mouvement et qu'il faut agir de même à l'égard du cavalier.

Si le cavalier est isolé, il choisira pour pincer le moment où son cheval se livre bien, quand il est tourné du côté de l'écurie, par exemple. Si plusieurs cavaliers sont réunis, on leur apprendra à donner de l'éperon simultanément s'ils ont de l'espace devant eux, ou successivement, mais en se suivant sur la piste s'ils sont dans un manège ou dans une carrière, en se gardant bien de les faire, pour cette instruction, sortir du rang, pour leur donner ensuite la leçon individuellement; car le rang pourrait gêner le cheval et l'empêcher de répondre franchement à l'attaque des éperons.

La véritable méthode consiste à disposer les cavaliers *sur de grandes lignes* et à prescrire successivement à chaque cavalier de donner de l'éperon en passant devant l'instructeur, puis ralentir ensuite peu à peu et reprendre l'allure primitive avant d'avoir rejoint le cavalier qui précède.

Il est préférable, pour donner cette leçon la première fois, de mettre préalablement les cavaliers au galop, mais ensuite on doit la donner au trot, puis au pas et enfin de pied ferme.

Quand le cavalier pince des deux, il est indispensable qu'il le fasse avec la plus grande vigueur, le coup d'éperon ne doit pas être une caresse, mais bien une attaque énergique.

Bien appliqué, l'éperon doit faire jaillir le sang. Jamais il ne faut le laisser au poil ; il ne faut pas non plus redoubler de l'éperon inutilement. Quand le cheval a répondu à une première attaque, il faut, avant de redoubler, qu'il ralentisse son allure de lui-même, puis recommencer si l'on juge que le cheval a encore les forces nécessaires pour pouvoir répondre à cette attaque en allongeant de nouveau son allure.

Si le cheval n'obéit pas à une première attaque, il faut, avant de redoubler, agir des rênes comme il a été expliqué plus haut.

Pour donner le coup d'éperon, il est indispensable de chausser l'étrier. La jambe, maintenue d'une part par le genou, de l'autre par l'étrier, a toute la force nécessaire pour pincer de l'éperon par un mouvement saccadé, un peu en arrière des sangles.

Il faut, dans ce mouvement des jambes, bien se garder de les éloigner d'abord du cheval en élevant les cuisses, dans l'espoir d'agir avec plus de force. Le cavalier s'expose ainsi à perdre son assiette si le cheval répond à l'attaque des éperons par une défense, à perdre ses étriers ; d'un autre côté, son attaque n'a aucune précision, ses talons rencontrent les sangles ou se portent trop en arrière, parfois même ses pieds tombent à plat sur les flancs du cheval. L'éperon n'agit pas ou agit mal. De plus, ces grands mouvements de jambes effrayent inutilement le cheval.

Il faut aussi que le corps du cavalier soit assez assuré sur la selle pour qu'il reste absolument maître de ses jambes et de ses mains. Le coup d'éperon, une fois donné, les jambes doivent reprendre leur place en se fixant ; leur ballant, s'il se produisait, pourrait exciter inutilement le cheval ou mettre le cavalier dans l'impossibilité de redoubler l'attaque au cas où cela deviendrait nécessaire.

Enfin, si dans les premiers bonds du cheval, le cavalier s'accrochait aux rênes, il produirait ainsi sur la bouche du cheval une saccade, véritable correction, qui le mettrait en garde et l'empêcherait une autre fois de répondre aussi franchement à l'éperon.

Lorsque les cavaliers auront exécuté ce travail et qu'ils seront parvenus à bien donner de l'éperon en se suivant sur de grandes lignes, il faudra leur faire répéter cet exercice en les isolant les uns des autres et en ayant soin de ne pas les faire tous successivement se diriger sur un rang immobile.

Il est indispensable, en effet, d'obtenir que chaque cavalier puisse, avec ses éperons, faire donner à son cheval toute sa vitesse ; en les faisant marcher sur un rang, l'agent principal ne serait plus l'éperon, mais le rang qui attirerait le cheval. Puis, avec ce système, le cavalier, au lieu de ralentir son cheval peu à peu pour reprendre le trot ou le pas et revenir par un détour au lieu de rassemblement, viendrait s'arrêter brusquement sur le rang, au détriment de la bouche et des jarrets de son cheval.

DU DEMI-TEMPS D'ARRÊT

Pour quitter la ligne droite, tourner à droite ou à gauche, prendre la ligne circulaire, reprendre la marche directe, changer d'allure, allonger, ralentir, appuyer, etc., le cavalier doit agir sur telle ou telle rêne, se servir de telle ou telle jambe : il faut donc qu'il change la disposition de ses aides. De même, le cheval doit être différemment placé. Ce changement des aides du cavalier ne peut pas se faire instantanément, quelle que soit la souplesse de sa monture ; elle ne saurait répondre à ces nouvelles exigences sans un avertissement préalable, ou du moins elle le ferait brusquement, par à-coup.

Ainsi, si marchant au trot sur la ligne droite, le cavalier ouvrait brusquement la rêne droite, le cheval tournerait bien à droite, mais il le ferait en allongeant son allure, le poids de son encolure tombant brusquement sur l'épaule droite, et sans décrire l'arc de cercle nécessaire.

De même, si, marchant au trot sur la ligne droite, le cavalier tirait brusquement sur la rêne gauche contraire d'opposition (5e effet), le cheval prendrait le galop, mais par à-coup et à une vitesse désordonnée.

Il faut donc que cette nouvelle action des aides soit précédée d'une action préalable qui a pour but de s'emparer des forces du cheval, de les régler et de lui permettre de passer moelleusement d'une disposition à l'autre. Cette action constitue ce qu'on est convenu d'appeler *demi-temps d'arrêt.* Elle consiste à produire la moitié de l'effort nécessaire pour arrêter le cheval dans la position où il manie. Ainsi maintenue par les deux rênes, dont l'une, d'abord agissante plus que sa voisine, cède progressivement le pas à l'autre, le cheval passe moelleusement de la première disposition à la seconde et entame sans à-coup et légèrement la nouvelle direction ou la nouvelle allure.

Il est rare de voir les cavaliers se conformer à ce principe dont l'application est absolument indispensable pour obtenir un travail réglé. Toujours préoccupé de la rêne agissante qui détermine la direction ou l'allure, le cavalier ne s'occupe pas de l'autre.

Quand il doit changer de direction ou faire un mouvement quelconque, il agit uniquement sur la rêne qui le détermine.

CHAPITRE V

DE LA BRIDE

A quel moment doit-on prendre la bride ?

Les effets du mors de bride sont plus sévères que ceux du mors de bridon. Le jeune cavalier ne doit donc s'en servir que lorsqu'il a acquis l'assiette nécessaire pour ne pas courir le risque de se raccrocher aux rênes, ce qui offenserait les barres du cheval.

D'un autre côté, les rênes de bride étant attachées à l'extrémité de la branche inférieure du mors, il est difficile, en les séparant, d'utiliser les effets des *rênes directes* (d'ouverture et d'opposition), à cause de la pression exercée au moment de la traction de la rêne par l'extrémité de la branche supérieure contre la joue du cheval ; d'ailleurs, grâce à la puissance de cet engin, une seule main suffit pour se rendre maître du cheval ; d'où il suit que le cavalier ne saurait s'en servir qu'après s'être bien rendu compte des actions des rênes tenues dans une seule main.

Enfin, puisque l'emploi de la bride ne comporte que l'utilisation des actions des rênes contraires, il est nécessaire que le cheval ait été, par un travail préparatoire de gymnastique (Dressage du cheval), mis à même de répondre à leurs effets : il doit être obéissant aux actions des jambes pour contre-balancer l'effet rétrograde toujours produit par la traction dirigée plus ou moins en arrière de la rêne contraire. Par contre, il faut aussi que le cavalier, non seulement connaisse les effets des jambes et leur accord avec ceux des rênes, mais encore qu'il soit assez sûr de sa position pour pouvoir s'en servir.

Pour le cavalier, le moment est venu de prendre la bride quand il a acquis, par son assiette et l'indépendance de sa position, la liberté de ses mouvements indispensable pour manier un instrument plus délicat, et que, de plus, il a prouvé, en conduisant son cheval avec les deux rênes du bridon tenues dans une seule main, qu'il en connaît les actions et qu'il sait les associer avec celles des jambes : d'où la nécessité, dès le début de l'instruction du cavalier, de lui faire conduire son cheval avec les rênes de bridon tenues alternativement séparées dans les deux mains et réunies dans une seule.

Pour le cheval, le moment est venu de lui mettre la bride quand, à la suite des exercices gymnastiques (Dressage du cheval), il est parvenu à répondre aussi facilement aux actions des rênes contraires d'opposition qu'à celles des rênes directes et à obéir aux jambes.

Il nous paraît indispensable de bien établir ce point en réponse aux opinions diverses que nous entendons émettre à ce sujet. Les uns prétendent commencer le dressage de leurs chevaux avec la bride, les autres préfèrent le bridon, mais ceux-ci ne sont pas fixés sur le moment où ils passeront à la bride et, la plupart du temps, pour se tirer d'embarras, ils s'imposent une date. De même pour leurs cavaliers de recrue, ils prendront la bride à telle époque.

Question de tableau de travail.

Sans doute entre des mains adroites, appartenant à des cavaliers expérimentés, bride ou bridon peut amener de bons résultats dans le dressage du cheval ; mais il faut que ces mains soient adroites, c'est-à-dire qu'elles connaissent les actions des rênes et leur association avec celles des jambes.

Mettre la bride entre des mains qui n'en connaissent pas les actions, c'est reculer au lieu d'avancer ; c'est vouloir rendre rétifs les chevaux les plus francs.

En somme, il ne doit pas y avoir de système préconçu, d'époque arrêtée longtemps à l'avance : c'est impossible. Mais il faut chercher à mettre les chevaux à même de répondre aux actions des rênes tenues dans une main, il faut familiariser les jeunes cavaliers avec ses actions. Voilà le but à atteindre ; dès qu'il sera obtenu, on prendra la bride. Certains cavaliers plus adroits feront en quelques séances ce que d'autres ne sauraient obtenir en plusieurs mois. Certains instructeurs plus habiles feront comprendre en quelques leçons ce que d'autres, moins bien doués, ne pourront jamais bien enseigner, et il y aura même dans une même classe d'élèves des différences notables, de même que dans un même dressage de chevaux.

Tenue des rênes de bride.

Les rênes de bride se tiennent dans la main gauche, afin de laisser libre la main du sabre ; on peut également conduire le cheval en tenant les rênes de bride dans la main droite. Cela se fait au manège. Nous expliquerons plus tard pourquoi.

Mais, au début, il est bien de faire tenir les rênes momentanément séparées et de répéter les mouvements déjà faits avec le bridon. De cette manière, le cavalier se rend mieux compte de la différence qui existe entre la puissance du mors de bride et celle du mors de bridon.

La conduite du cheval avec les rênes tenues dans une main a été expliquée en détail au chapitre Ier, nous n'avons pas à y revenir. La seule différence est que le mors du bridon, plus doux, agit sur la commissure des lèvres, organe moins délicat que les barres sur lesquelles appuie le mors de bride, plus dur. Les effets de la bride sont donc plus accentués que ceux du bridon, et ils sont accompagnés d'une action rétrograde plus marquée, dont le cavalier doit savoir tenir compte.

Tenue des rênes de bride et de filet dans la main gauche.

Il y a plusieurs manières de tenir les rênes de bride et de filet dans la main gauche.

D'après l'ordonnance actuelle, on tient les rênes de bride à pleine main, le petit doigt entre les rênes, les rênes de filet au-dessus, le médius entre les deux rênes.

Cette tenue permet de conduire le cheval sur la bride seulement ou sur le filet, ou encore sur la bride et sur le filet, alternativement, ou encore sur les quatre rênes à la fois.

Nous n'avons rien à dire de particulier à ce sujet,

car il s'agit toujours de la conduite du cheval avec les rênes tenues dans la même main, ce qui a été expliqué en détail (chapitre Ier).

Tenue des rênes de bride et de filet avec les deux mains.

Il y a deux manières selon l'ordonnance :

1° La rêne droite de filet sous le médius droit, la main gauche tenant les trois autres rênes ;

2° La rêne droite de filet sous le médius de la main droite et la rêne droite de bride sous le petit doigt de cette main droite, c'est-à-dire les quatre rênes séparées deux à deux, la main gauche tenant les deux rênes gauches.

La première manière présente de graves inconvénients.

Si, en effet, le cavalier veut se servir de la rêne droite directe, il attire la tête du cheval à droite en ployant l'encolure de ce côté et en amenant sa base sur l'épaule droite.

Que fera-t-il de sa main gauche ? S'il la porte à droite, il tirera sur les rênes gauches, et la tête du cheval sera en même temps tirée à droite et à gauche.

S'il la porte à gauche, il tirera sur la rêne droite de bride, la tête du cheval sera en même temps tirée vers la droite et en arrière à gauche ; et comme le mors de bride est plus puissant que celui du filet, l'action rétrograde de la bride pourra l'emporter. Alors le cheval, au lieu de tourner à droite tournera à gauche. Les actions des jambes se contrarieront de la même façon ;

en fin de compte, le cheval, tiré en sens contraire par des rênes de force variable, talonné d'autant plus vivement qu'il lui est impossible d'obéir, se défendra, il reculera, se cabrera, mais il ne tournera pas à droite.

C'est ce qui arrive constamment, lorsque, pour sauter un obstacle, les cavaliers se contentent, au lieu de prendre deux rênes dans chaque main, de prendre seulement la rêne droite de filet dans la main droite.

Le seul avantage qu'offre cette manière de tenir les rênes est de permettre de placer la tête du cheval du côté où il manie. Mais cet avantage, très appréciable dans un manège, ne peut avoir qu'une valeur très relative pour le cavalier militaire appelé à marcher indifféremment dans toutes les directions.

Il est donc absolument indispensable pour les instructeurs d'appeler l'attention de leurs cavaliers sur les inconvénients de cette tenue de rênes et de veiller à ce que, si la main droite se place sur les rênes, elle prenne de préférence les deux rênes droites.

Cette dernière manière est excellente, elle donne au cavalier, avec l'utilisation de toute sa force (ses deux bras), tous les moyens d'action dont il peut disposer : rênes directes, rênes contraires, conduite sur le filet, sur la bride, sur les quatre rênes.

C'est cette tenue de rênes que le cavalier doit prendre chaque fois qu'il est embarrassé, dans tous les cas difficiles : cheval mal assoupli, rétif, ombrageux, ou pour aborder les obstacles.

Cependant, nous préférons l'ancien système qui consiste à prendre les rênes de filet à pleine main et la rêne de bride avec deux doigts. Ainsi le cavalier garde toute sa force pour agir sur le filet, moins dur, pour donner le point d'appui, tandis que deux doigts suffisent pour agir sur le mors de bride ; et si, par suite d'une défense ou d'une surprise, en sautant un obstacle, le cavalier a un dérangement d'assiette, il ne risque pas de produire la saccade sur la bride.

Rênes de placer.

Beaucoup de cavaliers sont convaincus que, pour qu'un cheval puisse tourner à droite, il faut qu'il regarde de ce côté ; de même s'il s'agit d'appuyer à droite, de galoper sur le pied droit, etc.

Nous avons, au courant de ce travail, prouvé que ce n'est pas du tout nécessaire, témoin : le cheval qui, tiré par la rêne droite directe d'ouverture, fuit vers la gauche ; celui qui, tiré par cette même rêne en tournant un coin à gauche, persiste à l'arrondir, et nous avons même dans notre dressage fait le contraire pendant tout le temps que nous avons employé les actions latérales pour appuyer, partir au galop, maintenir le cheval sur sa direction, etc., etc.

Mais du jour où nous avons quitté les actions latérales pour les actions diagonales, alors le cheval s'est en effet trouvé ployé du côté vers lequel il marche, vers lequel il appuie, etc.

Cette courbure du cheval variant suivant son degré de souplesse et suivant aussi ce que l'on veut lui demander, constitue ce que l'on est convenu d'appeler le *placer*.

Le cheval au début de son dressage (actions latérales) est toujours courbé du côté opposé à sa marche. On ne peut le placer autrement. Plus tard, il se courbe du côté vers lequel il marche, à mesure qu'il répond aux actions diagonales. On peut alors le placer, soit du côté de la marche, soit du côté opposé.

Avec un cheval complètement gymnastiqué, le *placer* correspond presque toujours au côté vers lequel on marche.

Le placer se donne avec la rêne de filet (rêne directe) qui attire le bout du nez du côté de la marche, la main de bride agit ensuite.

Lorsque l'on travaille à main droite, le placer doit être donné le plus généralement à droite; il est naturel alors de tenir les rênes de bride dans la main gauche et la rêne droite de filet dans la main droite.

Lorsque l'on travaille à main gauche, on tient les rênes de bride dans la main droite et la rêne gauche de filet dans la main gauche pour placer le cheval.

Dans un régiment, tous les gradés doivent être familiarisés avec ces différentes tenues de rênes.

Le travail exécuté avec le bridon se répète avec la bride; quand il en est besoin, on reprend le bridon. Lorsque l'on veut faire allonger l'allure, ou exécuter un mouvement quelconque qui exige l'allongement de l'encolure, il faut toujours le favoriser en offrant à ce moment au cheval, par la conduite sur le filet, le point d'appui sur ce mors.

Quand, au contraire, il s'agit de ralentir l'allure ou de faire un mouvement auquel correspond le raccourcissement de l'encolure, il faut alors se servir de la bride.

Les oppositions qui ont pour but d'empêcher le cheval de s'appuyer sur la main, doivent se faire de préférence avec la rêne de filet.

La main de bride profite alors de la cession de mâchoire ainsi obtenue pour s'emparer du mouvement et diriger le cheval à sa guise.

CHAPITRE VI

PASSAGES ET SAUTS D'OBSTACLES

Le cavalier militaire doit passer partout, rien ne doit l'arrêter. En est-il vraiment ainsi dans la cavalerie? Sommes-nous tous capables de passer partout et d'entraîner à notre suite tous nos cavaliers? Nous voudrions pouvoir répondre affirmativement. Cependant, d'un côté, ce n'est pas le toupet qui nous manque, et de l'autre, ce ne sont pas les chevaux; et pourtant combien de chevaux qui restent en arrière d'un obstacle insignifiant! Combien de cavaliers qui hésitent à franchir un obtacle ordinaire!

Les chevaux n'ont pas les moyens nécessaires, dira-t-on, il faut pour ce genre d'exercices des chevaux exceptionnels. Allons donc! mais alors il n'est plus vrai de dire que les cavaliers militaires doivent passer partout, puisque leurs chevaux en sont incapables et que c'est l'apanage du petit nombre de pouvoir franchir des obstacles.

Jamais nous n'admettrons cette manière de voir, c'est *anticavalier ;* nous aimons mieux tout simplement dire que l'on ne s'occupe pas assez d'habituer les chevaux et les hommes à franchir les obstacles de toute nature. Les chevaux ne sont ni francs, ni adroits; ce ne sont pas les moyens qui leur manquent, mais ils ne savent pas s'en servir et les cavaliers manquent de confiance.

Le remède à ce fâcheux état de choses est de faire d'abord passer ou sauter le cheval sans cavalier, puis, quand il est franc et adroit, de lui faire répéter cet exercice avec un cavalier sur le dos. On arrive ainsi, progressivement, à mettre le cavalier en confiance, il a pris l'habitude de franchir toutes sortes d'obstacles, et il s'est rendu compte que son cheval, fût-il médiocre, peut sauter les obstacles les plus difficiles.

Le dressage du cheval à l'obstacle est très suffisamment détaillé dans l'ordonnance, au titre Ier, chapitre V : *Passages et sauts d'obstacles.*

Faisons toutefois remarquer qu'il faut que ces exercices soient progressifs et fréquents. *On commence par de petits obstacles pour arriver ensuite aux obstacles les plus difficiles ; on pratique cet exercice une fois par semaine, mais les chevaux ne sont montés que dans les derniers mois.*

Nous n'avons rien à ajouter, signalons cependant au lecteur la brochure de M. de Gontaut, qui traite la question avec compétence et détaille une très bonne méthode de dressage du cheval au saut d'obstacles.

CONDUITE DU CHEVAL SUR L'OBSTACLE

Dans la conduite du cheval monté sur l'obstacle, plusieurs points sont à considérer ; on peut les résumer ainsi : *conduite du cheval avant l'obstacle ; conduite du cheval au moment même du saut ; et conduite du cheval après l'obstacle.*

Avant l'obstacle.

Il faut diriger son cheval bien droit sur l'obstacle, toujours perpendiculairement, au milieu si l'on saute seul.

Sauter un obstacle ne saurait être une exception pour le cheval : il doit savoir sauter comme il sait marcher, trotter, galoper, charger. Aussi ne doit-il pas se précipiter sur l'obstacle (comme on le voit faire si souvent, à tel point que les chevaux ainsi menés paraissent charger sur l'obstacle), mais bien passer l'obstacle dans son allure au pas, trot, galop, ou galop allongé. L'élan, quand il est nécessaire, se prend dans les derniers pas. Les obstacles habituels peuvent se passer à toutes les allures, même au pas.

Au moment du saut.

Le cavalier doit rester lié à son cheval. Le moindre déplacement d'assiette, le moindre ballottement dans sa position, produit sur le dos du cheval un heurt violent qui coupe la détente de ses jarrets, le gêne dans son saut; les bras en s'accrochant aux rênes saccadent alors la bouche du cheval et les jambes en se déplaçant attaquent sans le vouloir et mal à propos ses flancs.

Pour que le cavalier puisse rester lié au mouvement du cheval, il faut certainement qu'il mette le corps en arrière, qu'il chausse les étriers, qu'il serre les cuisses, mais il faut aussi qu'il se serve judicieusement de ses jambes et de ses rênes au moment du saut, car si ses actions sont fausses, elles provoqueront chez le cheval des efforts violents qui auront pour résultats : 1° de déranger l'assiette du cavalier, ce qu'il faut éviter à tout prix ; 2° de dégoûter le cheval de l'obstacle.

Pour se rendre compte de la manière dont il faut agir, il suffit de regarder un cheval sauter en liberté. L'enlever de l'avant-main nécessaire pour l'obstacle en hauteur est suivi d'un mouvement de la tête qui a pour but de tirer l'arrière-main de l'autre côté de l'obstacle. Sur l'obstacle en longueur, l'encolure s'allonge de la même manière pour permettre aux membres antérieurs d'atteindre l'autre côté.

Après avoir franchi l'obstacle, le cheval se reçoit la tête basse sur les membres antérieurs admirablement disposés pour cet office.

Ce mouvement d'allongement de l'encolure est absolument indispensable ; s'il ne peut se produire, le cheval doit y suppléer par un effort prodigieux des reins et des jarrets qui ne lui permet pas toujours de franchir l'obstacle.

Si l'animal ainsi empêché arrive cependant à passer, il le fera péniblement et tout d'une pièce ; il se recevra alors lourdement et sur ses quatre membres à la fois, l'encolure haute, au grand détriment de ses reins et de toutes ses articulations ; ou encore il passera en chandelle et retombera sur ses membres postérieurs qui, écrasés par toute la masse du cheval et du cavalier, devront cependant encore trouver la force nécessaire pour continuer la marche en la projetant de nouveau en avant.

Après l'obstacle.

Le cavalier doit conserver bien exactement sa direction et reprendre l'allure momentanément perdue pour *franchir l'obstacle* (art. 281).

L'ordonnance donne les moyens de conduite et de tenue nécessaires pour sauter un obstacle dans ces conditions.

Nous dirons cependant qu'il nous semble plus rationnel d'aborder les obstacles à toutes les allures que de marcher d'abord au pas, puis au galop, pour reprendre ensuite après l'obstacle le trot, puis le pas. On évitera ainsi de donner à entendre au cavalier qu'il faut s'élancer sur l'obstacle, que cet exercice offre des difficultés particulières qui exigent une allure appropriée.

En passant les obstacles à toutes les allures, on reste mieux dans l'esprit de l'arme, qui doit faire de la marche à travers les obstacles une habitude journalière, son pain quotidien.

En expliquant les actions des aides, nous avons donné les moyens de triompher de toutes les résistances du cheval, nous n'y reviendrons pas, nous ne saurions que répéter la même chose.

Si ces résistances se produisent en abordant un obstacle, le cavalier agira exactement suivant les mêmes principes que si elles se produisaient partout ailleurs.

Avec des chevaux dressés selon notre méthode, c'est-à-dire *rendus légers à la main, francs aux jambes et à l'éperon,* ayant de plus l'habitude de passer l'obstacle, on pourra aborder n'importe quoi.

Des cavaliers ainsi montés et instruits d'après nos principes, seront vraiment à même de passer à travers tous les obstacles, à toutes les allures, *isolément ou ensemble*.

Tel est le but que nous nous proposons constamment.

TABLE DES MATIÈRES

DE LA CONDUITE DU CHEVAL

DES AIDES

APPLICATION DES AIDES A LA CONDUITE DU CHEVAL

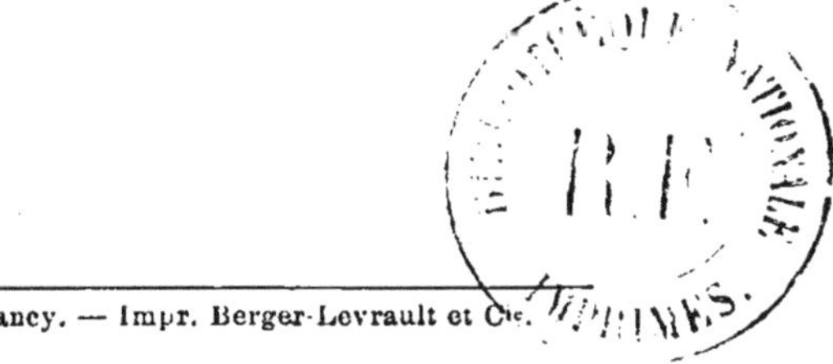

Nancy. — Impr. Berger-Levrault et Cie.

LUDUS PRO PATRIA

La cavalerie et les sports. Les officiers et les courses militaires. Le règlement de 1892. A la recherche d'un nouveau programme. Conclusion. 1898. Élégant volume in-12, broché . . . . **2** fr. **50** c.

TRAVAIL A LA LONGE ET DRESSAGE A L'OBSTACLE

Par le comte Raoul de Gontaut-Biron, ancien écuyer à Saumur. 3e édition. 1893. Grand in-8, avec 40 figures, broché. . . . . **4** fr.

DRESSAGE DU CHEVAL DE GUERRE ET DU CHEVAL DE CHASSE

Suivant la méthode de feu M. le commandant Dutilh, écuyer en chef à l'École de cavalerie, par un de ses élèves. 3e édition, revue et corrigée, et augmentée de 11 gravures. 1891. Gr. in-8, broché . . . . **4** fr. **50** c.

ÉQUITATION DIAGONALE DANS LE MOUVEMENT EN AVANT

Un volume in-12 de 220 pages, broché . . . . **2** fr. **50** c.

COURS THÉORIQUE D'ÉQUITATION, DE DRESSAGE ET D'ATTELAGE

Par J. Lenoble du Teil, écuyer-professeur à l'École des haras nationaux. 1889. Volume gr. in-8 de 473 pages, avec gravures, broché . . . . **10** fr.

LES ALLURES DU CHEVAL

Dévoilées par la méthode expérimentale. Conduite du cheval simplifiée, par J. Lenoble du Teil, écuyer-professeur à l'École des haras nationaux. 1893. Volume grand in-8, avec 117 figures par El. Liet, broché. . . . . . **6** fr.

TRAITÉ DES RÉSISTANCES DU CHEVAL

Méthode raisonnée de dressage des chevaux difficiles au moyen de la cravache, par le lieutenant-colonel A. Gerhardt. Édition revue et considérablement augmentée. 1889. Volume gr. in-8 de 597 pages, avec gravures, br. **12** fr.

L'ÉQUITATION EN FRANCE

Ses écoles et ses maîtres depuis le xve siècle jusqu'à nos jours, par Charles Duplessis. Préface de M. le général L'Hotte, ancien commandant de l'École de Saumur. Beau volume grand in-8 de 648 pages, broché . . . . **10** fr.

REVUE DE CAVALERIE

Paraissant en 12 livraisons mensuelles, à partir d'avril 1885. — *Chaque livraison comprend environ 8 feuilles grand in-8, avec figures dans le texte et planches hors texte.* — Prix par an : France. **30** fr.; Union postale. . . **33** fr.

Nancy, impr. Berger-Levrault et Cie.

www.ingramcontent.com/pod-product-compliance
Ingram Content Group UK Ltd.
Pitfield, Milton Keynes, MK11 3LW, UK
UKHW021136260726
13994UKWH00001B/165